SUITE DES OBSERVATIONS SUR LA COUTUME DE BRETAGNE, ET DE L'EXPLICATION DE L'ARTICLE 503.

POUR SÇAVOIR S'IL EST permis de mettre les deniers pupillaires à interest.

TOME III.

TRAITÉ DE L'USURE ET INTEREST.

POUR SÇAVOIR DANS QUEL sens ils sont contre le droit naturel & divin, & dans quel cas il est permis d'en prendre suivant les Constitutions Imperiales & Canoniques.

Par Messire RENÉ DE LA BIGOTIERE *Seigneur de Perchambault, Doyen du Parlement de Bretagne.*

A RENNES;

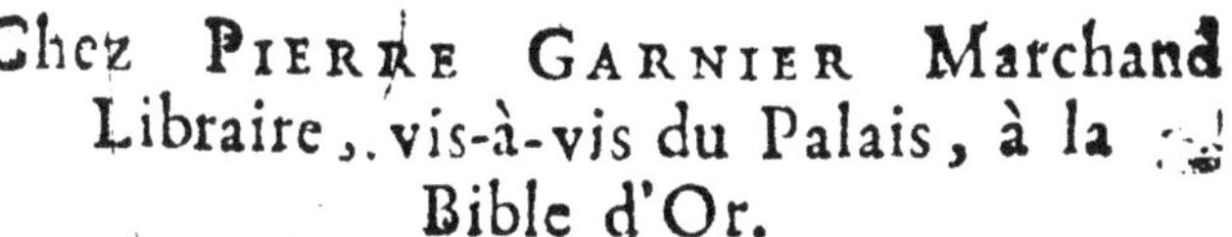

Chez PIERRE GARNIER Marchand Libraire, vis-à-vis du Palais, à la Bible d'Or.

M. DCC. XIII.

AVEC PRIVILEGE DU ROY.

AVERTISSEMENT.

CE Traité a été fait aprés de grandes discussions. En expliquant l'article 503. de la Coûtume, qui regarde les soins que les Tuteurs doivent prendre des biens meubles des Mineurs, on a été obligé d'entrer dans la question de sçavoir si l'usage qui leur permet d'en tirer des interests par de pures stipulations, étoit legitime. Mais comme elle est venuë en dissertation, on a trouvé à propos de la separer du corps de la Coûtume, pour n'en pas interrompre l'explication. Ce qui a fait cela est qu'il a paru un Livre d'un Autheur Anonime, qui nous a été addressé à nous-même pour nous avertir que nous nous étions mépris dans la décision. Ce Livre étoit divisé en trois parties, pour prouver que l'usure étoit contraire au Droit naturel, divin & humain, & qu'il n'étoit pas permis d'en exiger en quelque rencontre que ce fust. Mais quoyque ceux qui l'avoient écrit fussent fort habiles, & bien versez dans la science du Droit Canonique & Civil, on a crû qu'il manquoit quelque chose à l'approfondissement de ces questions. On y a même remarqué une censure que la Faculté de Theologie de Nantes avoit faite de nôtre usage, & qu'elle avoit déclaré la proposition qui l'authorisoit fausse, & contraire à la Loy de Dieu & aux Saints Canons.

Mais ce qui s'est trouvé de plus fâcheux, est le trouble que ces principes faisoient dans le monde. Car ils ne vont à rien moins, qu'à condamner, sans misericorde, au feu éternel toutes les puissances qui authorisent les usures dans quelque occasion que ce soit, &

à tirer du nombre des Bien-heureux ces Grands Personnages, & ces sçavans Jurisconsultes des premiers siécles, pour les livrer à Sathan, ne recevant aucune excuse de leur part, qu'une honteuse necessité, & une impuissance ridicule de s'empêcher de faire ces Loix. La plus triste a été encore de voir les inquiétudes horribles où l'on a jetté par-là des millions d'hommes, les tuteurs, les mineurs, marchands, banquiers, prêteurs & emprunteurs; c'est à dire presque tous les hommes, parce que c'est un égal peché, de faire une chose qu'on croit ou qu'on doute être un peché.

C'est pourquoy on avoit jugé à propos de faire un Factum contenant l'état de la question selon l'ordre des matieres qui servent à l'éclaircir; & on avoit supplié les personnes charitables de vouloir bien y entrer pour nous en instruire. Nous ne sçaurions assez loüer & remercier plusieurs sçavans hommes, & entr'autres Messieurs de la Faculté de Sorbonne, & de Nantes, qui ont eû la bonté de nous communiquer leurs lumieres. Mais comme les décisions de ces grands hommes & leurs principes sont fort differens des nôtres & de nos usages, on a jugé à propos de les rendre publics, & d'exposer toutes les raisons de part & d'autre, pour donner à un chacun les moyens de prendre un bon party, & qu'on puisse une bonne fois établir un droit certain, qui mette en répos les familles & les consciences.

Voilà le précis de ces dissertations, & des réponses qu'on nous a faites qu'on vous presente. *Utere fruere.*

TABLE DES CHAPITRES.

FIN.

TRAITÉ DE L'USURE ET INTEREST.

POUR SÇAVOIR DANS QUEL sens ils sont contre le droit naturel & divin, & dans quel cas on en peut prendre suivant les Constitutions Imperiales & Canoniques.

CHAPITRE I.

Explication du Titre & de l'état de ces questions.

1. 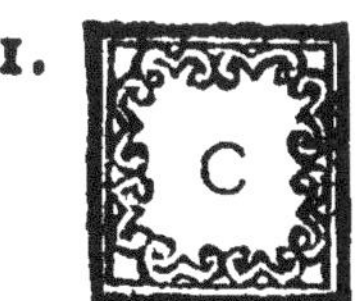'EST une belle chose & bien rare dans les disputes, que de sçavoir de quoy il s'agît. Il est étrange qu'il y ait eû tant de contestations & d'écrits depuis tant de siécles sur l'usure, & que la plûpart du monde ne sçache pas même ce que c'est, & je suis persuadé qu'on

pourroit applanir une grande partie de ces questions aiguës qu'on y fait, par une exposition toute nuë, & toute simple du sujet.

Tout le monde reçoit la définition de Saint Thomas, quand il dit que l'usure est le prix de l'utilité & des avantages qu'on reçoit par l'usage qu'on fait de l'argent d'autruy, *recipere pretium pro usu pecuniæ mutuatæ, est usura.* Un homme joüit de l'argent d'autruy par violence, ou contre son gré; ou bien il est convenu qu'il en joüira moyennant une certaine retribution. Voilà ce que nous appellons usure, c'est à dire la valeur de cette joüissance, & de l'utilité qu'on en reçoit, & qu'on paye à celuy à qui l'argent est dû. La premiere question qu'on y fait, est de sçavoir s'il est possible de tirer quelque utilité de cet argent, quand on s'est obligé d'en rendre la valeur aprés un certain temps. Car si cela n'étoit pas; ce seroit blesser le droit naturel, en supposant que cet argent fourniroit quelque utilité dans le temps qu'on en joüit, quoyqu'il n'en fournit aucune. Et c'est ce qu'on appelle un peché, non-seulement contre la nature, mais encore contre la justice, parce que c'est mettre en commerce un rien & une chimere. Et voilà ce qui a fait dire que l'usure étoit un peché execrable, qui attaquoit Dieu, comme autheur de la nature, & tous les hommes en general, en mettant en commerce un rien pour quelque chose. Mais enfin à en parler par le bon ſens & l'experience, peut-on douter que l'uſage de l'argent d'autruy ne ſoit utile dans les ſocietés civiles pendant qu'on en joüit? Le titre même de la queſtion ne ſe peut comprendre. Car joüir & faire uſage d'une choſe, n'eſt-ce pas en tirer quelque avantage & quelque profit? Et ſi on eſt obligé de reſtituer ce profit quand on l'a perçû mal à propos, ou qu'on en eſt convenu, ce profit n'eſt il pas different de la choſe même.

2. En ſuppoſant donc icy qu'il y a une veritable utilité, on fait une ſeconde queſtion, de ſçavoir par quel contrat on en peut diſpoſer, & comment on la fait entrer dans nos commerces, ſurquoy on peut être également ſurpris. Car d'où vient qu'elle n'y pourroit pas entrer auſſi-bien que celle qui vient de l'uſage d'un cheval & des maiſons. Y a-t-il rien ſous le Soleil qui ne ſoit pour le ſervice des hommes, & qui ne ſoit communicable entr'eux par des manieres convenables. Auſſi il n'y a qu'à parcourir tous les contrats & les obligations qui naiſſent, *aut ex conventione*, comme le preſt, la

donation, le loüage, la vendition, *aut ex re, aut ex delicto & quasi delicto*, comme d'une societé, d'une retention du bien d'autruy, d'un dédommagement, d'une peine, &c. Il n'y a, dis-je, qu'à parcourir tous ces contrats, & il ne s'en trouvera pas un seul où cette utilité d'argent n'entre par le droit naturel. Nous en ferons un détail au chap. 5.

3. Le seul embaras est pour le regard de celuy qu'on appelle prest à usure ou à interest. Et cependant il ne roule que sur un simple équivoque. Car on convient, que d'un côté le prest est un office d'un ami, qui transporte l'utilité de son argent par une pure liberalité, & de l'autre qu'une usure est le prix de cette utilité qu'on paye à celuy qui la transporté, & qui par consequent est opposée à la liberalité. Ainsi le prest à interest est une chimere composée de deux contraires, qui se détruisent l'un l'autre, que l'imagination même ne sçauroit unir; ce qui a fait dire que c'étoit un monstre, contre lequel la nature & la justice se devoient armer, & que l'usure qui en étoit le fruit & la production étoit un enfant d'abomination. Or tout cela n'est qu'un équivoque trés-facile à lever. Car le seul dessein des deux parties qui font ce contrat, étant de vendre

& acheter cette utilité , c'est une pure vendition, & un veritable loüage d'argent, & le mot de prest ne signifie en cet endroit qu'un transport d'argent fait à la charge d'en payer l'utilité qu'on en tire pendant qu'on en joüit. Car enfin le loüage n'est autre chose qu'un contrat par lequel on transporte la joüissance de quelque chose pendant un certain temps, & pour un cerain prix. Ainsi demander si c'est un peché que de prêter à interest, c'est demander si c'est un peché que de vendre l'usage de son argent comme on vend celuy de son cheval. Et voilà le sujet de la premiere Partie de ce Traité.

Si j'osois, je vous demanderois la grace de me permettre d'employer le mot de loüage d'argent pour exprimer cette espece d'usure qui vient de la vendition de son usage, & ces prests à interests, parce que ce terme en donne une idée fort claire & fort distincte, & qu'on a de coûtume de s'en servir quand on vend l'usage de ses chevaux & de ses maisons. Vous m'épargneriez par-là beaucoup de paroles, & à vous bien des contentions d'esprit.

4. Quoyque cette matiere soit presque toute politique comme tous les autres contrats ; il n'est pas étonnant que

l'Ecriture, les Peres & les Conciles y ayent interessé la religion, parce qu'on employe souvent ce commerce contre les loix de la charité, & qu'il n'y a presque que les pauvres & ceux qui sont en necessité avec qui on le fasse.

Mais il est étonnant que les Canonistes n'ayent pas remarqué que cela seul en avoit operé la condamnation, quoy qu'on ne puisse l'exprimer plus ouvertement & plus précisément qu'on l'a fait. Car enfin si on vouloit conclure que l'usure fut un peché en soy, à cause des excez & des abus qu'on y commet : ne faudroit-il pas condamner tous les commerces, tous les Arts & toutes les professions, n'y en ayant aucune qu'on exerce sans abus. Mais ce qui surprend encore davantage, est de voir nos Ecrivains faire des Livres entiers des passages de Philosophes, d'Historiens, de l'Ecriture des Peres, des Papes & des Conciles, qui ont condamné l'usure en general, & prouver par ces lieux communs, qu'elle est un peché en elle-méme. Que de peines perduës ou égarées, & que de discours inutiles !

5. Pour faire valoir ces authoritez, il faut d'abord mettre hors des rangs les usures que tout le monde reconnoît être injustes & criminelles, comme celles qui

sont fondées sur l'avarice, l'inhumanité, & la dureté pour les pauvres, dont l'Ecriture & les Peres ont tant parlé, & celles qui ruïnent les peuples, & désolent les Royaumes, *quæ depauperant Regnum*, comme dit Saint Loüis. Il faut encore retrancher celles que tout le monde reconnoît être legitimes, comme celles qu'on paye pour avoir retenu injustement l'argent d'autruy, qu'on a demandé en Justice, que les tuteurs doivent à leurs mineurs, &c. Et si vous considerez bien tout, vous fixerez la difficulté sur l'usure de commerce, par lequel on donne la joüissance de son argent à la charge d'en payer un certain prix. Mais il faut encore que vous en exceptiez les traitez que vous reconnoissez être justes, comme ceux qu'on fait avec les monts de pieté, avec un gendre, avec le Roy, ou pour le remploy des deniers dotaux, &c. Enfin il faudroit marquer précisément celles sur qui tombent la dispute, dans quelle quantité, à l'égard de quelles personnes, & dans quelles circonstances, ce que vous aurez peut-être beaucoup de peine de déterminer. Aprés tout cela il faudra prouver, que c'est celles-là que les Philosophes, les Historiens, l'Ecriture, les Peres & les Conciles ont entendu condamner, sans quoy toutes ces citations sont inutiles. Et voilà la discussion que nous allons tâcher de faire dans la seconde Partie de cet Ouvrage.

6. La troisiéme Partie contiendra une preuve de l'avis que nous suivons trés-innocente & trés-proportionnée à l'esprit d'un chacun. C'est une pratique generale des fidéles depuis la naissance de l'Eglise jusqu'à present. Nous prouverons par un million de témoins irreprochables, que l'usage universel a été de prêter à interest dans l'orient & l'occident jusqu'au temps de Charlemagne. Pour en être convaincu, il ne faut que lire tout ce qui se trouve écrit dans les Digestes, le Code & les Constitutions des Empereurs sur l'usure, nous y trouvons un double avantage, & pour le fait & pour le droit. C'est delà qu'on a tiré les couleurs qui ont été employées au portrait qu'on en a fait. Ces grands hommes à qui il semble que la nature ait revelé les secrets de sa justice, nous ont appris que l'utilité que nous tirons de l'usage d'argent étoit aussi réel & veritable que celuy qui vient de la culture des terres, & de l'habitation des maisons; & qu'on en pouvoit disposer par tous les contrats ordinaires, par rapport au bien de nos societez.

7. A

7. A l'égard des ſiécles qui ſuivent Charlemagne juſqu'à Philippes le Bel, on voit pluſieurs Ordonnances & pluſieurs Conciles qui ont deffendu les uſures en general, ſans s'expliquer autrement, ſinon qu'ils y ont toûjours joint l'idée d'avarice, de cruauté, & d'inhumanité, juſqu'à appauvrir les Royaumes entiers, & à obliger les peuples de chercher des aſiles dans des païs étrangers, contre les uſuriers, comme on fera voir dans ſon lieu. Mais enfin nous avoürons ſi l'on veut, que la pratique de ces temslà a été contraire à nos principes, & nous l'aimons mieux faire que d'entrer dans des diſcuſſions horribles, qui ne donnent ni lumiere, ni certitude ſur le droit, & qui laiſſent l'eſprit tout à fait indeterminé. Car en le ſuppoſant ainſi, quelle conſequence en pouvez-vous tirer, ſinon que l'uſage & les ſentimens des Peres & des fidéles n'ont pas été uniformes ſur cela. Au reſte on vous ſupplie de ſuſpendre vôtre jugement juſqu'à ce que vous ayez vû les réponſes particulieres que nous allons faire ſur le chap. 13. au ſujet des differens avis des Peres & des differentes conſtitutions.

8. Mais enfin depuis Philippes le Bel juſqu'à preſent, on ne diſſimulera point qu'on ne peut deffendre plus expreſſé-

ment & plus clairement les contrats usuraires, qu'on l'a fait par l'Ordonnance de Blois, les Conciles de Milan, de Melun, & de Bourdeaux, les Decrets d'Alexandre 7. & les consultations de nos Docteurs. Mais il faut reconnoître aussi qu'on n'en peut authoriser la pratique plus ouvertement qu'on l'a fait dans les occasions ou on a crû que l'équité & la politique le permettoient. Peut-on resister aux exemples du Concile 5. de Latran au sujet des monts de pieté, de l'établissement des banques de Boulogne, de Lion & d'Anvers, de tant d'Ordonnances qui la permettent aux marchands, de celle qui la permet dans les traitez qu'on fait avec le Roy, quand on en a fait la demande en Justice, quand on la promise à un gendre, quand on a renoncé dans le contrat à pouvoir exiger le principal, ou quand il s'agît de l'interest des mineurs. Ajoûtez à cela les raisons de l'équité & de l'utilité publique si vous en trouvez par ce qu'on va dire dans la premiere Partie de ce Traité.

9. Tout cela dit que les contrats usuraires sont dans nos usages comme tous les autres qu'on limite & qu'on polit selon les temps, les lieux, les personnes & l'abondance de l'argent, d'où l'on tire plus ou moins d'utilité. En effet tan-

tôt on en a fixé le prix au denier 10. 12. & 15. & tantôt au denier 18. & 20. Tantôt on a deffendu d'en exiger qu'en vertu d'une ſtipulation préciſe, tantôt on a deffendu d'en faire une ſtipulation, tantôt on l'a permiſe en faveur de certaines perſonnes, du Clergé, des Etats & des marchands, tantôt en faveur de tout le monde pourvû qu'on renonçât à exiger le principal, & tantôt quand on en eût fait la demande en Juſtice. Les uns n'ont pas voulu qu'on pût en demander jamais plus que ne ſe monte le double du principal, les autres y ont reçû la preſcription des 30 ans, & les autres de 5. ans. En Guienne on ſouffre la collocation à intereſt en faveur des majeurs & mineurs ; en Bretagne en faveur des ſeuls mineurs ; A Paris on ne les ſouffre en faveur des uns ny des autres, & par tout on veut qu'elles ayent lieu entre les mineurs & leurs tuteurs. Dans des temps on a interdit ce commerce aux clercs, & dans d'autres à tout le monde ſans exception, ſelon les neceſſitez & le ſoulagement des peuples. Voïez-vous icy les caracteres d'un commandement abſolu, qui porteroit, *je vous deffend de recevoir le payement de l'uſage que les autres auront fait de vôtre argent.*

PARTIE I.

Si l'usure & interest sont contre le Droit naturel.

CHAPITRE II.

Que l'argent a une veritable utilité quand on s'en sert, & que l'usure en est le prix.

10. POUR sçavoir s'il est injuste de vendre l'usage de son argent, il faut supposer que la justice des commerces consiste dans l'égalité qui doit estre entre la valeur de ce qui se transporte, & celle de ce qu'on reçoit en retour. D'où l'on peut conclure qu'il n'est point permis de tirer des interests d'un usage d'argent, s'il est vray que l'argent monoyé n'ait point d'usage. Or on ne peut mieux en parler qu'a fait saint Thomas dans son Opusc. 73. qui est constamment de luy. Il demande d'abord si les monoyes sont de quelque usage dans la vie civile, à cause qu'elles ne rendent aucun service par leur nature *Ex usu proprio.* Mais comme elles servent à nous faire acquerir les commoditez de la vie par le trafic, il ne doute pas qu'elles ne

ſoient utiles *Ex uſu non proprio*, parce qu'il eſt indifferent au bien de nos ſocietés que leurs avantages viennent directement ou indirectement des choſes.

11. Or cela ne laiſſeroit pas d'eſtre veritable, & l'argent ne laiſſeroit pas de paſſer pour une choſe fort utile de luy même, quoyqu'on ne voulût pas s'en ſervir ou qu'on le conſummât pour ſa nouriture ou par le jeu, ou qu'on le jettât dans la mer, pace que cette inutilité viendroit de noſtre fait perſonnel comme les maiſons qui ne ſeroient pas habitées, ou les terres qui demeureroient incultes, & qu'il ſuffit que ces choſes ſoient propres à nous faire avoir de l'utilité pour dire qu'elles ne ſont pas ſteriles par elles-mêmes. Ainſi c'eſt une illuſion de diſtinguer l'argent qu'on deſtine au commerce de celuy qui doit eſtre promptement conſummé comme a fait l'Auteur de la pratique des Billets, pour dire que l'un doit paſſer pour avoir de la fecondité & non l'autre.

12. St. Thomas demande enſuite ſi cet uſage d'argent peut ſe ſeparer de la proprieté comme celuy des chevaux & des habits, & dit que quand toutes les choſes du monde ſont alienées par une vendition ou une permutation, leur uſage n'a rien qu'on puiſſe diſtin-

guer de leur proprieté, parce qu'on transporte l'un & l'autre, *Et notandum quod res quandoque simul cum usu ejus transfertur juste ut in venditione & permutatione*, mais qu'on peut aussi en transporter le seul usage avec la retention de la proprieté, comme il arrive dans le prest gratuit & le loüage, *Aliquando vero solus rei usus & non possessio ejus sicut in accommodatis rebus & locatis*. D'où il conclut que le transport qu'on fait de cet usage est legitime, & que le profit qu'on en tire n'a rien qui approche d'une usure illegitime. *Ex his concluditur quod omnis surabondantia ex usu eorum per modos prædictos innata caret ratione usuræ.* En effet si un simple usage d'argent n'avoit point d'utilité, on ne pourroit en faire un prest gratuit; puisque le prest gratuit n'est que la donation d'un usage comme le loüage n'en est qu'une vendition. D'ailleurs l'emprunteur n'y trouveroit aucun avantage, & tous les prests seroient hors de commerce, puisqu'en rendant le principal on rendroit tout ce qui auroit été emprunté. Enfin on ne pourroit transporter la joüissance de son argent avec la retention du fond ny le fond avec la retention de la joüissance, comme on fait tous les jours.

Et dans la verité il y a quelque chose de surprenant, qu'on veüille disputer encore aujourd'huy, si celuy qui a joüi pendant 20. ou 30. ans d'un argent, en retient une utilité particuliere quand il rend le simple fond. On convient qu'à parler en Physicien, l'argent est si sterile de sa nature, comme dit Justinien, que le Senat même n'en peut donner un veritable usufruit; mais à parler en politique, il faut dire avec luy qu'on en peut donner un quasi usufruit, parce que les fruits qui en viennent sont civils & industrieux, & qu'on ne laisse pas de les transporter, quoy qu'on retienne toûjours la proprieté de l'argent.

13. L'on oppose l'autorité de S. Thomas parlant dans son Opusc. à l'authorité du même St. parlant dans la qu. 78. de sa seconde Seconde, si elle est de luy: car la discussion de sçavoir la verité de ce fait nous meneroit trop loin. L'on lit donc dans cet endroit, qu'il est contre le droit naturel & la raison, de separer l'usage des choses de leur proprieté, quand elles se consument par leur usage, comme l'argent & le bled; parce que l'usufruit est un droit d'en joüir, *salva substantia*, & qu'au moment qu'on s'en sert, le fond est perdu. Ainsi il y a une grosse difference, dit-on,

entre l'uſage d'un cheval & celuy de l'argent, parce que quand on a donné l'uſage d'un cheval on en conſerve toûjours la proprieté, & qu'en tranſportant l'uſage d'argent, on en tranſporte le fond, de ſorte que le fond & l'uſage étant une même choſe, il eſt impoſſible de les ſeparer, & ce ſeroit vendre un rien, ou vendre deux fois une même choſe, que de vendre un ſimple uſage d'argent ſéparément de ſa proprieté.

14. Pour developper cette difficulté, & montrer que celuy qui tranſporte un ſimple uſage d'argent en retient la proprieté, auſſi bien que celuy qui tranſporte l'uſage de ſon cheval, il faut ſuppoſer qu'il y a deux ſortes de poſſeſſions & de proprietés, la naturelle & la civile. Tous les fermiers & les uſufruitiers ont une poſſeſſion des choſes, à les regarder par les principes de la nature; mais à les conſiderer civilement, & par l'intereſt de nos ſocietez, ceux qui en ont donné la joüiſſance en ont toûjours conſervé la poſſeſſion civile, à cauſe du droit qu'ils ont de les ravoir aprés la fin de l'uſufruit. Car *qui habet actionem ad rem, rem ipſam poſſidere videtur.*

C'eſt ainſi que celuy qui a prêté ſon argent en a toûjours eû la poſſeſſion civile, à cauſe du droit de la ravoir aprés

aprés la fin du prest. Il eſt vray qu'il ne peut redemander le même corps d'argent qu'il avoit prêté, mais il demande la même ſomme, c'eſt à dire le même prix & la même valeur qui eſt cenſée la méme choſe quant aux effets civils, puiſqu'on n'en conſidere que la valeur. Car enfin c'eſt une maxime certaine que dans tout ce qui conſiſte *in numero, pondere & menſura*, il ſe fait une ſubſtitution parfaite d'une choſe à l'autre, enſorte que tout ce qui eſt d'une même valeur eſt cenſé une même choſe. L'exemple en eſt ſenſible dans les troupeaux qui paſſent toûjours pour eſtre les mêmes quoyqu'il en meure continuellement, à cauſe que ceux qui naiſſent prennent la place des autres. En effet il n'y a pas la moindre difference entre un écu en argent, en or, en ſols, ou en deniers, & 300. liv. en marchandiſes, 300. liv. en argent & une obligation de 300. liv. ſont une même choſe dans nos commerces.

15. Or de-là il s'enſuit premierement que le preſteur d'argent eſt cenſé en avoir toûjours conſervé la proprieté à cauſe du droit qu'il a toûjours eu d'en avoir la valeur, ſecondement que quand on luy en rend la valeur, on eſt cenſé luy rendre le même argent. C'eſt ce que nous

voulons dire en permettant de prester de l'argent, parce que deux choses sont essentielles au contrat de prest, l'une que le presteur ne perde point la proprieté de ce qu'il preste, l'autre qu'on luy restituë la même chose qu'on luy a prestée, parce que si cela n'estoit pas ce seroit une alienation & non un prest.

Il est vray que le droit qu'on a de redemander la valeur de son argent ne represente pas parfaitement le même argent, & qu'il y a plus d'avantage dans l'un que dans l'autre. La pauvreté des debiteurs, la peine de se faire payer, & l'impuissance d'acheter ce qu'on veut quand on n'a pas d'argent comptant, y mettent une grosse difference. D'ailleurs un cheval peut perir & perd tous les jours de son prix, & cela sur le compte du proprietaire. On peut encore disposer de la proprieté d'un cheval nonobstant le prest & non de la proprieté du même corps d'argent presté, enfin ce n'est pas la même substance d'atgent qu'on restituë. Mais pour montrer que l'argent a ces mêmes effets civils dans nos societés, il faut remarquer que toutes les choses du monde rendent des services à l'homme d'une maniere differente, & par rapport à leur propre nature. Car on se sert autrement des habits que d'un dia-

[...]ant, des terres & des maiſons, mais tout cela fait de veritables ſervices. Or la nature de l'argent eſt de ne pouvoir ſervir que comme un moyen d'acquerir des choſes utiles. Et la nature d'une obligation procedant d'un preſt, eſt de ne pouvoir perir que par l'inſolvabilité de l'emprunteur, parce que c'eſt un droit incorporel. Mais enfin ce droit demeure toûjours dans la poſſeſſion du preſteur, il en peut diſpoſer nonobſtant le preſt, c'eſt luy qui court la riſque de la perte par l'inſolvabilité du debiteur, enfin il eſt naturel à l'argent d'eſtre repreſenté parfaitement par toute ſorte d'eſpece d'argent de pareille valeur.

Il eſt donc vray que le même corps phyſique d'un argent preſté ne ſert pas par ſa ſubſtance comme une maiſon & un cheval. Il eſt vray qu'il ne demeure pas dans la poſſeſſion du preſteur, & qu'il ne ſe reſtituë pas, mais il ne s'agit point de ſçavoir de quelle maniere on fait l'uſage des choſes, qu'on les poſſede & qu'on les reſtituë. Gardons-nous bien de prendre le change. On demande ſi l'uſure eſt contre le droit naturel en ce qu'elle eſt le prix d'un ſimple uſage d'argent qu'on veut mettre en commerce. Or on prétend qu'il eſt contre la nature que l'argent ait une utilité qu'on puisse transporter & mettre en commerce separément de sa proprieté. Ainsi il suffit pour nostre question qu'il en ait une telle veritablement & réellement, sauf à la tirer d'une maniere qui convienne à sa nature.

CHAPITRE III.

Que l'interest n'est autre chose que l'usure & le prix de cette utilité quand on en a été privé.

16. POUR sçavoir ce que c'est qu'interests, il faut supposer qu'il est d'une obligation naturelle de reparer le dommage dont on est cause, sur tout quand il vient d'un plaisir & d'un prest qu'on a reçû. Or il y a des dommages qui viennent par une cause étrangere & en seul moment, comme quand faute d'avoir le cheval qu'on avoit presté, on est obligé d'en loüer un autre, ou quand un créancier souffre la saisie de ses biens faute d'avoir l'argent qu'on luy doit. Le dédommagement qu'on en reçoit n'est point usure, puisqu'il ne s'agît point de payer aucun usage d'argent. Voilà l'espece du dédommagement pour lequel les Canonistes demandent 4. conditions, qu'il y soit évident que l'argent

eût été en commerce, qu'il eût été sans perte si on l'y eût mis, &c. Mais il y a d'autres dommages qui naissent à tous momens & jusqu'à la restitution du bien qu'on retient injustement, comme la privation de la liberté d'user quand on veut de son cheval ou de son argent, ou le plaisir de les voir chez soy & de les posseder. Car tout cela a son merite, & il n'y a pas la moindre commodité dans la vie, ny aucune satisfaction qu'on donne à ses sens ou à son imagination, qui ne soit estimable dans nos societés, jusqu'au plaisir de voir des tableaux, de lire des gazettes, d'entendre des comedies. Or comme les dommages naissans de la détention de l'argent d'autruy sont continuels & viennent à chaque moment, jusqu'à la restitution; la reparation doit être de même, c'est à dire à mesure qu'ils arrivent, & à proportion de leur grandeur. Et voilà ce que nous appellons interests ou usure compensatoire qui est le prix & la valeur de la joüissance d'argent qu'on restituë à celuy à qui on le fait perdre, tandis qu'on le retient.

17. Or il ne faut pas douter que ces dédommagemens ne soient legitimes, & qu'on n'en puisse traiter & transiger devant ou aprés que le mal est arrivé comme

de toute autre chose, c'est à dire avec des conditions raisonnables. Quand ils viennent de convention on les appelle usure contractuelle, & quand ils viennent d'une obligation naturelle, on les nomme usure simplement compensatoire. L'une vient *ex consensu*, l'autre *ex re aut delicto, aut quasi delicto*. Ainsi l'on peut convenir de ces recompenses quand on se dépoüille de son argent, comme aprés qu'on s'en est dépoüillé. Car c'est un même commerce que de recevoir une certaine somme pour un usage d'argent qu'on a fait, ou pour celuy qu'on fera.

18. On fait une objection, & l'on dit que les dommages qui viennent de la seule absence d'argent sont de veritables profits qui sont toûjours mauvais, sortant d'une source empoisonnée d'avarice & de cupidité; au lieu que ceux qui viennent d'une perte effective, & d'un profit cessant, sont réels & veritables, & que par consequent la recompense n'est point un profit, mais une restitution d'un bien perdu. Ce sont là des pensés toutes vaines. Car d'un côté le dédommagement d'un profit, n'est-il pas un profit, puisque tout ce qu'on reçoit en la place d'une chose perduë tient la place de ce qui est perdu? N'est-ce pas en effet un gain & un surcroît

au bien qu'on avoit auparavant ?

D'un autre côté, d'où a-t-on pris que tout profit étoit mauvais, & qu'il avoit pour principe l'avarice & la cupidité ? Il est vray que la recompense d'une perte peut être plus favorable à cause des differens motifs & des differentes destinations. Si on desire de l'argent pour remplacer une perte qu'on a faite, voilà un dédommagement ; si on le desire pour augmenter ses biens, voilà un profit : mais l'un & l'autre peuvent avoir des motifs également innocens. Ces motifs mêmes, & ces destinations ne sont-elles pas étrangeres au contrat ? La vendition qu'on fait pour payer des créanciers est-elle d'une autre nature que celle qu'on fait pour joüer ou pour donner aux pauvres ? Les vertus & les vices sont dans nos cœurs, mais la realité des choses n'en est point changée, & le prix d'une joüissance d'argent qu'on reçoit à titre de vendition & par avarice, n'est point d'une autre nature que celuy qu'on reçoit à titre de dedommagement, & pour l'employer en aumône.

19, C'est pourquoy St. Thomas à la fin du 4. chap. *de us.* donne à ces sortes de dedommagemens le même nom d'usure, & la même innocence qu'il avoit donnée à celle qui vient d'un contrat de vendition, *Quædam usuræ concessæ sunt in sacra Scriptura & in legibus humanis tanquam licitæ, &c. Et hoc est quando res violenter detinentur.* Ce que St. Thomas appelle icy usure, est appellé dommages & interests, dans l'Ordonnance de Blois, *les dommages & interests*, dit-elle, *seront ajugés quand ils seront requis pour le retardement du payement à compter du jour de l'atournement.* Car c'est mal penser que de croire que ce dedommagement ne soit dû que pour des pertes extraordinaires que souffre le créancier, comme par le défaut de son commerce ou par un malheur particulier, puisque l'Ordonnance l'ajuge pour le simple retardement de payement, ce qui veut dire pour la simple privation de son argent. Et en effet ces dommages extraordinaires arrivent en un instant, & le dédommagement s'en fait à proportion de la grandeur de la perte sans limite, au lieu que celuy dont parle l'Ordonnance commence le jour de l'ajournement, & dure jusqu'à la restitution, & le prix en est limité. Aussi l'usage qui est le veritable interprete des Loix, est que tout créancier peut demander l'interest suivant l'Ordonnance pour le seul retardement de son payement, & il est inoüi qu'on l'oblige d'alleguer & de prouver aucune perte particuliere.

20. La difficulté a été de donner un juste prix à la joüissance de l'argent, & à ces dédommagemens. Car comment estimer la liberté de mettre son argent en rente ou en commerce? Comment sçavoir si l'on en avoit le dessein ou l'occasion, si on y eût perdu ou gagné; ou quelles dépenses il eût fallu faire pour se mettre en état de profiter de ce commerce? Quel prix donnera-t-on au plaisir de voir toûjours son argent chez soy? Pour cela quelque fois on a fait une distinction de la qualité des créanciers, & l'on a ajugé de plus grosses usures aux marchands qui mettent leur argent dans le trafic avec de grands profits qu'aux autres. Mais enfin nos dernieres Loix y ont fait une transaction, & ont fixé ces usures au denier 18. ou 20. à proportion du profit qu'on fait d'ordinaire par ce commerce. Néanmoins on en agît autrement en quelque rencontre, comme dans les emprunts que font les Etats de Bretagne, ou chez les banquiers, parce qu'il est raisonnable que ceux qui vendent en détail ayent du profit sur ce qu'ils ont acheté en gros.

21. Voilà ce que nous appellons interests, c'est à dire un desinteressement

& une recompense du dommage que souffre le créancier de la privation de l'usage de son argent. Ainsi il n'y a point d'interest qui ne soit usure, parce qu'il est le prix d'un usage d'argent dont on a été privé. Mais à proprement parler, il y a des usures qui ne sont point interest ny dédommagement, comme celles qui viennent d'un loüage d'argent & du desir de le faire valoir comme ses terres & ses maisons. Mais enfin le mot d'usure ayant fait de méchantes impressions dans les derniers siécles, on luy a substitué celuy d'interests, parce qu'on reçoit plus favorablement un avantage qui vient de la reparation de quelque perte, que celuy que donne l'idée d'un pur profit. C'est pourquoy l'on dit que les Juges condamnent aux interests, que les tuteurs doivent les interests, qu'on prête à interests, & l'on n'oseroit parler d'usure, quoyque ce soit là de purs profits. Car rien n'est si vray que ce que dit Ciceron, que les oyseaux se prennent par la glûë, & les hommes par des mots.

Mais enfin je voudrois qu'on nous dît la difference quant au droit naturel dont il s'agît, entre demander en Justice l'interest des deniers retardés, & le demander en vertu du consentement que la partie y a donné. Le consentement même du debiteur ne rend-il pas le contrat encore plus innocent ?

CHAPITRE IV.

Qu'il est impossible de dire que le payement de cette utilité soit un peché, mais que la maniere de l'exiger le peut être.

22. SAINT Thomas propose pour maxime au commencement du 3. chap. *de us.* que la droiture & la justice des contrats, comme de toutes les actions humaines, est la convenance & le rapport qu'ils ont avec la fin qu'ils doivent avoir, *quando tendunt ad finem convenientem.* Par exemple, la parole ayant pour fin la communication de nos pensées, c'est un peché quand elle ne s'y accorde pas, c'est pourquoy le mensonge est un peché en soy. De même le loüage d'un cheval & de l'argent est un transport de leur usage pour un certain temps, ainsi ce contrat seroit vitieux si le cheval ou l'argent ne pouvoient être d'aucun usage. Ce Saint Docteur soûtient encore qu'il seroit injuste & vitieux, si le prix qui doit estre payé pour cet usage n'étoit pas proportionné à sa valeur, parce que la nature du contrat de

loüage est d'avoir quelque chose d'une valeur égale à l'utilité de l'usage qu'on transporte ; & si cela n'étoit pas, il ne seroit pas selon sa fin naturelle. Et sur ces principes il conclut, que bien loin que l'usure, ou le prix qu'on tire d'un loüage ou d'une vendition d'un usage d'argent soit un peché, le loüage ou la vendition seroit viticuse sans ce prix, parce qu'elle n'auroit pas sa fin. *Illa superabundantia quæ ex justâ permutatione & venditione accidit, non habet vitium inæqualitatis, alias enim non fuisset venditio justa.*

23. Ces 2. conditions qui sont la réalité du profit qu'on reçoit quand on se sert de l'argent d'autruy, & la proportion du prix qu'on en paye, suffisent donc pour la plenitude de la justice du contrat qu'on en fait. Mais il en faut d'autres pour operer celle des contractans. Car 1. Il faut qu'ils se proposent une bonne fin, & un employ raisonnable, puisqu'on peut avoir des fins & des desseins les plus injustes du monde dans les actions les plus saintes. Saint Thomas en propose 2. en matiere d'usure. La premiere est l'utilité ou la necessité d'acquerir du bien pour l'entretien de sa vie. *Finem convenientem dicimus utile & necessarium vitæ humanæ, non ad*

affectum avaritiæ. La seconde la charité pour l'employer au service des pauvres suivant les paroles de l'Auteur des proverbes qu'il rapporte, *fœnore liberali in pauperes congregat.*

Il rapporte encore une autre condition necessaire à l'innocence des usures, c'est de les exiger d'une maniere & par des voyes pleines de justice. Car seroit-il permis, dit-il, d'exiger ces biens par le larcin. C'est pourquoy il a expliqué les contrats en particulier, en vertu desquels on peut legitimement prendre des usures dont il a fait même le titre du troisiéme chap. de son traité. Et voilà la methode que nous allons suivre.

24. Une chose seulement est à remarquer. C'est qu'encore que ces deux conditions qui sont la droiture de nôtre cœur, & des moyens dont on se sert, soient absolument necessaires pour établir nôtre innocence personnelle, elles ne changent point la nature des choses, & n'en alterent point les qualités réelles. Et voilà ce qui fait toute la confusion icy, parce qu'on joint l'injustice des usuriers, avec l'usure, quand ils l'exigent par avarice ou d'une maniere défenduë par l'équité ou par nos Loix civiles. St. Thomas semble avoir tombé

dans ce desordre quand il dit au chap. 4. que le prest étant essentiellement gratuit, c'est un contrat vitieux que d'exiger des usures d'un prest, *ex mutuo, vi mutui*, & il a raison, car ce contrat ne tend pas à sa fin qui est une pure liberalité. Mais il n'a pas raison d'en conclure comme il fait que l'usure est un peché en soy, *ideo usura per se & simpliciter est peccatum mortale.* C'est comme si on disoit que parler c'est un peché en soy, à cause qu'on parle quelque-fois contre sa pensée. Il est vray que c'est un peché que d'exiger le payement de l'usage d'argent quand on la donné, mais il ne s'ensuit pas que c'en soit un, quand on l'a vendu. Il est vray que c'est un peché que d'exiger ce payement des pauvres, parce que c'est violer la charité, ou des riches avec excés, parce que c'est violer la Justice, mais il ne s'ensuit pas que le contrat soit vitieux en soy, & quand il n'est pas dans ces circonstances.

Il me semble voir un usurier dans son Bureau enflé de son argent comme un Dragon de son venin dans une caverne, & que tout le monde veut écraser. On le regarde comme un ennemy du genre humain, & l'horreur de la nature. On l'accuse de crimes execrables, d'idolatrie, de parricide, de voleries publiques, &c. Nous le tenons icy en Justice, nous l'interrogeons. Voicy son crime, il a vendu l'usage de son argent comme celuy de son cheval Voulez-vous sçavoir la difference entre son usure & celle des monts de pieté, celle-cy va au soulagement des emprunteurs par sa mediocrité, & à fournir aux presteurs les moyens de perpetuer l'exercice de la charité, & celle de cet usurier va à l'oppression des peuples par son excés, & à entretenir son avarice par un attachement sordide au bien. La premiere est loüée & canonisée par les Papes & les Conciles, & l'autre est anathematisée par tout le monde. L'une & l'autre sont de vrayes usures, mais leurs fins & leurs effets sont bien differents. L'une est un crime & l'autre une vertu par la seule maniere differente de l'exercer.

CHAPITRE V.

Dans quel cas & par quel titre on peut exiger le payement de cette utilité.

25. Il s'agit donc de parcourir tous les titres en vertu desquels on pourroit exiger le prix de cet usage pour

connoître ceux en qui l'on trouve de l'injustice. Le 1. est appellé par Saint Thomas *contrat commutatif*, qui comprend toutes les alienations & les transports de cette joüissance par la voye du commerce, & à la charge de quelque retour en faveur du transportant. Tantôt il l'appelle loüage, *ut in locatis*, tantôt une permutation, tantôt une vendition. *Illa superabundantia quæ ex venditione & permutatione accidit.* C'est ce que les Romains appelloient usure venant *ex conventione, aut ex stipulatu.* Comme c'est sur ce contrat que roule toute nôtre dispute, nous en allons faire un chapitre particulier.

26. Le 2. est celuy de donation qu'on appelle *prest gratuit*, surquoy il ne peut y avoir aucun doute, parce que si le donateur en exigeoit quelque chose, ce ne seroit plus un don ny un prest gratuit. Ainsi le prix & l'utilité qui vient de cet usage appartient au donataire, & le prêteur n'en peut rien esperer.

27. Le 3. regarde l'usure que Saint Thomas appelle volontaire, ou payée par reconnoissance & sans contrainte. Il n'est pas concevable comme on a empoisonné ce commerce d'usure, & comme quelques Canonistes prétendent qu'elle est un peché. Car s'ils souffrent qu'on

qu'on donne le prix de la joüiſſance qu'on fera à l'avenir par un preſt gratuit, pourquoy non, le prix de celle qu'on fait actuellement, ou qu'on a faite par le paſſé? La religion nous diſpenſe-t-elle des devoirs civils, & nous oblige-t-elle à être ingrats? Ainſi il eſt naturel de faire part des profits qu'on a faits de l'argent d'autruy quand on en a le moyen. Mais à l'égard de ceux qui conviennent de la juſtice de ces reconnoiſſances, comment peuvent-ils dire que l'uſure eſt un peché d'elle-même comme un adultere? Si c'étoit un crime, pourroit-on en faire une vertu ſous prétexte de conſentement des deux parties? Croyez-vous qu'un adultere ceſſe d'eſtre crime quand les deux parties y conſentent?

28. Le 4. titre d'une uſure legitime eſt celle qui vient par une poſſeſſion injuſte de l'argent d'autruy. En effet, n'eſt-il pas auſſi raiſonnable d'en reſtituer les joüiſſances que celles des terres & des maiſons qu'on a poſſedées ſans juſtice. *Quædam uſuræ*, dit-il, *conceſſæ ſunt in ſacra Scriptura & in legibus humanis, ut quando res violenter detinentur.* C'eſt ſur le même pied qu'il faut juger de l'obligation de reſtituer le prix de cet uſage, quand on s'eſt fait payer de ce qui n'étoit pas dû, ce que nous appellons

per condictionem indebiti; ou quand on a touché dans une distribution d'ordre hors son rang, ou quand un associé s'est servi pour son interest particulier de l'argent de la societé.

29. Le 5. est la reparation d'une perte effective dont on a été la cause, comme quand un caution est obligé de payer pour le principal débiteur, ou qu'on souffre une saisie de ses propres biens à cause du retardement de son payement. Or cette perte doit estre reparée par le droit naturel. Nous avons dit sur le ch. 3. que quand elle arrive par un accident extraordinaire, elle se repare par une recompense proportionnée, qu'on appelle proprement *dédommagement*. Et que quand elle vient de la seule privation de l'usage de son argent, elle se repare par la restitution du prix de cet usage qu'on appelle *usura superabundantia*, *plus recipere quam dare*, *quod sorti accedit*, *accipere aliquid ultra sortem*, *&c.*

30. Le 6. titre marche d'un pas égal. C'est le remplacement d'un profit que le créancier auroit fait, s'il avoit eû l'argent que le débiteur a retenu mal à propos, comme si on l'eût placé dans une rente constituée, ou dans l'achat de quelque chose d'utile. Car il est de l'équité naturelle qu'un office d'ami, & le plai-

[?]r qu'on fait dans les besoins, ne soit pas préjudiciable à celuy qui l'a fait. Or cecy est une vraye usure à laquelle convient la définition, *lucrum supra sortem exactum*. C'est pourquoy nous ne pouvons rejetter assez loin la pensée de ceux qui disent que la recherche du profit dans le prix de l'usage d'argent est un crime.

31. L'Ordonnance de Blois nous fournit une autre exemple, quand elle permet à tous les créanciers de demander des interests pour le retardement d'un payement. C'est ce que les Jurisconsultes appellent *propter moram*, pour obliger par cette peine les débiteurs de payer. Or si l'usure étoit un aussi grand crime qu'on dit, pourroit-on le proposer pour punir un pauvre débiteur de ce qu'il ne peut satisfaire son créancier ? Car enfin ce qui se passe en Justice n'est pas different à cet égard, de ce qui se passe dans un cabinet. Ce n'est qu'une ceremonie exterieure qui ne se pratique qu'en France, & depuis 2 siecles seulement, c'est pourquoy elle ne change point la nature de cette espece d'interest. Mais enfin si l'usure étoit un crime execrable en luy-même & comparable à un mensonge, comment les Juges pourroient-ils l'autoriser ; & comment pourroient-ils

faire que ce qui est peché n'en fut pas un.

32. Si on veut penetrer toutes les causes qui rendent les interests legitimes, on trouvera que ce sont celles qui font la Justice de tous les autres contrats. Par exemple un tuteur s'oblige de faire profiter le bien d'un mineur, à peine de luy restituer la valeur de ce profit. C'est donc une obligation qui vient de convention avec une clause penale. Croiriez-vous que ce fut blesser la Justice naturelle que de faire la même convention avec un autre qu'un Tuteur. On paye à un gendre l'interest d'une dot quand on a manqué de payer le principal, n'étant pas juste qu'il soûtienne seul à ses frais les dépenses de son mariage. Le chap. *per vestras de don. int. vir. & ux.* permet de mettre une dot à interest, *ut secure conservetur & ex lucris sustineatur.* On stipule tous les jours les interests en cas de retour de partage ou de restitution de deniers dotaux ou de propres alienés, &c. Et ils s'appellent compensatoires, c'est à dire dûs pour recompense de la joüissance de l'argent dont on a été privé. Les Administrateurs des Hôpitaux sont obligés de payer les interests des sommes qui leur sont demeurées entre les mains aprés leur gestion, & cela en faveur de l'Eglise

& des pauvres. L'argent dû pour un heritage vendu à crédit produit de soy même des interests, parce qu'il n'est pas juste qu'un vendeur soit dépoüillé des fruits de sa terre & des fruits de son argent. Si on a prêté de l'argent pour retirer une terre, on peut prendre la joüissance de la terre pour la joüissance de l'argent qu'on a avancé, parce qu'il est juste de participer au profit dont on est cause. L'usage est constant qu'on peut demander des interests dans une opposition à un ordre des créanciers ou à un benefice d'inventaire. Or je demande, n'y a-t-il pas autant de raison de les payer quand on en est convenu par un contrat ordinaire de loüage que dans tous ces cas-là. Ajoûtés les usures des Banquiers, des Marchands, des deniers pupillaires, des constitutions de rentes, des Monts de pieté dont on parlera dans la suite plus au long.

CHAPITRE VI.

S'il est permis de vendre l'usage de son argent, ce qui est proprement de donner à loüage.

APRE'S avoir parcouru tous les contrats en vertu desquels on peut demander des usures, l'on a trouvé que la contestation rouloit seulement sur deux. Sçavoir le loüage d'argent, c'est à dire la vendition de sa joüissance, & sur le prest quand on le preste à la charge d'en payer l'interest, commençons par le premier.

33. La premiere chose qui saute aux yeux est, que dés qu'on avoüe qu'il y a une utilité réelle & veritable dans l'usage de l'argent, il faut qu'on avoüe qu'il est permis de la transporter aux conditions qu'on veut, personne ne pouvant estre privé de son bien sans son consentement. De sorte que si on peut en disposer par une pure liberalité, il s'ensuit qu'on le peut faire pour en tirer quelque avantage. N'est-ce pas en cela que consiste tous nos commerces? Il est vray qu'il y a des choses qu'on peut donner, & que les hommes ont défendu de vendre, comme les Vases sacrés. Mais a-t-on jamais dit que l'utilité qu'on reçoit de l'usage d'argent soit de ce nombre. Quoy? L'argent qui est l'ame du commerce, & qui fait l'essence de la vendition, & sans lequel la vendition ne seroit pas vendition, n'auroit pas un usage qui soit en commerce? On convient que cet usage est en commerce quand il s'agit de le donner.

Pourquoy ne pourroit-il y estre, quand il s'agît de le vendre? On convient qu'il est en commerce quand il s'agît d'en restituer le prix, & qu'on en a joüi injustement & par violence; pourquoy non, quand on en a joüi justement & par un trafic tout libre. Nous avons demandé dans tous nos Memoires qu'on nous en donnât la difference. On s'est toûjours oublié de le faire.

34. Or on ne peut douter que la vendition ne soit un contrat trés-legitime en luy-même, & que l'utilité d'un usage d'argent n'en puisse estre la matiere. Car Saint Thomas nous a appris que l'innocence des contrats dépend absolument de leur union avec la fin pour laquelle ils sont établis dans nos societés. Or celuy de vendition & d'échange a été introduit pour transporter un chose qu'on possede, en la place d'une autre qu'on veut avoir. C'est pourquoy il est de leur essence qu'ils soient avantageux aux deux parties. D'où nous avons conclû que leur droiture consistoit dans la realité de la chose qu'on transportoit, & dans l'égalité de la valeur qu'on reçoit en retour. Or comme on ne peut douter de la verité de l'avantage qu'on transporte en transportant l'usage de son argent, on ne doit pas aussi douter qu'on n'en

puisse recevoir un juste prix, tel que nous venons de déterminer au nombre 20. En effet, est-on obligé de renoncer au droit que chacun a de garder son bien chez soy, & sans le communiquer à personne pour rien. Il est vray que ce n'est pas une liberalité, mais tout ce qui n'est pas liberalité est-il crime ? Que deviendront tous nos commerces ? Comme il y auroit de la folie à desirer de l'argent pour l'amour de l'argent, & à faire un amas de ce qui n'est ny necessaire, ny utile à l'entretien de nôtre vie ; il y en auroit également à ne le pas faire valoir quand on en a besoin, & ce seroit dissiper ses biens mal à propos, & ne pas les distribuer en bon pere de famille, que de les communiquer gratuitement en ce cas-là. Un pauvre homme qui n'a pour tout bien qu'un peu d'argent, sera-t-il obligé d'en donner la joüissance gratuitement à un homme plus riche que luy ? La charité qu'on a pour ce riche en luy communiquant une chose dont il a besoin, devient-elle un crime quand on partage avec luy ? Qu'il est difficile de croire que ce soit faire une injustice à un Trésorier de nos Etats de tirer quelque benéfice de l'argent qu'on luy donne pour entretenir un commerce dont il reçoit tous les ans quatre ou

cinq

cinq cent mille livres de profit, ſans autre riſque ny autre peine que de donner d'une main ce qu'il reçoit de l'autre ! Y a-t-il des Miſteres en cas de morale comme en matiere de foy ? Reçoit-on des maximes inconcevables à l'eſprit humain ?

35. Je ne ſçay d'où l'on a pris un certain proverbe, qu'on peut avec innocence garder ſon argent dans ſon coffre, mais que quand on veut diſpoſer de ſon uſage ce doit à titre de donation. Car d'un côté vaut-il mieux le voir inutile dans un coffre, que d'en communiquer la joüiſſance à ceux qui en ont beſoin ; & de l'autre, qui a jamais dit qu'on ſoit obligé de la leur communiquer ſans y trouver quelque avantage ? La juſtice naturelle permet-elle de priver le public de l'uſage des choſes qui luy ſont utiles, à cauſe qu'elles le ſeroient à celuy qui les fourniroit. Tout le monde trouve de l'avantage quand on les met en commerce, & l'on veut que la Juſtice divine & humaine ſoit violée, ſi celuy qui les y met en profitoit.

36. Quelques uns ont crû nous faire une grande objection, en diſant que les contrats uſuraires ſont tellement des pechez, que nous les condamnons nous-mêmes dans tous les Tribunaux de la

Justice, & que nous punissons trés-severement ceux qui les font. Il est vray que nous avons jugé à propos en France de les deffendre, parce qu'autrement tous nos commerces seroient remplis d'usure, & qu'on ne veroit plus de contrats gratuits. Et nous croïons que c'est un peché de contrevenir aux Loix civiles; mais cela ne fait point l'état de nôtre question, puisque nous ne parlons icy que de la Loy naturelle & divine. Car comme la politique permet souvent ce qui est deffendu par les Loix divines, elle deffend aussi souvent ce qu'elles permettent.

L'usage même du monde nous apprend qu'il faut souvent établir un droit universel & general, quoy qu'on suppose qu'on ne l'observera point à la rigueur, & qu'il ne soit ny possible ny expedient qu'on le fasse. Il y a des loix qu'il faut proposer à tous les hommes, quand on ne peut entrer dans les cas particuliers qui en pourroient faire des exceptions. On peut donner l'exemple de la loy, qui deffendoit aux étrangers sous peine de la vie, de monter sur les murailles de la Ville d'Athenes. C'étoit pecher contre la politique que d'y contrevenir, mais non contre le droit naturel. C'est pourquoy on ne voulut pas condamner un étranger qui y avoit monté pour en chasser les ennemis. Ainsi Leon 10. a declaré que l'usure des monts de pieté n'étoit pas de celles qui sont condamnables ; l'Ordonnance d'Orleans dit la même chose de celles qu'on demande en Justice, l'Ordonnance de 1629. de celles qui viennent des Traités faits avec le Roy, l'usage de Bretagne pour les interests pupillaires, &c. Peut-on recevoir une explication plus naturelle des Ordonnances, que de la pratique même de ceux qui les ont faites.

37. Nous n'avons jamais été touchez de ce qu'on dit, que si les maximes que nous proposons icy étoient reçûës, il n'y auroit plus d'usure dans le monde. Car il y auroit également des usures, mais elles ne seroient pas également criminelles, puisqu'il n'y auroit que celles qui sont dans l'excez, ou sur des pauvres, ou contre les loix civiles qu'on pût condamner. Croïez-vous qu'il y ait un grand mal à être desabusé, en reconnoissant qu'il n'y auroit aucun peché dans une pratique, où l'on croïoit qu'il y en avoit ? Un voyageur est-il fort à plaindre quand il croit s'être égaré durant la nuit, & qu'il trouve au levé du soleil qu'il n'avoit pas quitté son chemin ?

CHAPITRE VII.

Ce que c'est que prester sans interest, ou avec interest.

NOUS voicy au plus creux, parce que toutes nos disputes ne roûlent que sur l'argent emprunté. C'est pourquoy il nous faut examiner ce qu'on entend par le mot de simple prest, & de prest à interest.

38. Tout le monde convient que le prest en genéral est l'office & l'effet d'une bien-veillance, qui nous fait communiquer l'usage de nos biens par un principe de liberalité, & sans en recevoir le prix. On sçait aussi que le mot d'interest ou d'usure n'est autre chose que le prix qui se paye pour l'usage des biens qui ont été communiquez. Saint Thomas appelle le prest simple une donation de cet usage, quand on le transporte, *per modum liberalitatis, ut in datione gratuita*, & le prest à interest un contrat commutatif, *ut quando aliqua res & ejus usus commutatur & transfertur ad æquationem justam alterius rei vel usus, sive pro numismatè, &c.* Or rien n'est plus contradictoire & plus opposé que ces 2. contrats, puisque l'un est gratuit & l'autre non gratuit. Cependant on les joint

ensemble dans le contrat de prest à interest. C'est cette contrarieté qui en fait un monstre, & une chimere la plus ridicule & la plus impertinente du monde. Si vous voulez donc sçavoir où vont tant d'Ordonnances des Conciles & des Papes, tant de livres & de decisions de Docteurs, qui condamnent le prest à interest, c'est pour combattre une chimere & un composé d'une donation & d'une vendition, qui sont des contrats trés-legitimes, quand ils sont pris separément, & dont on fait un monstre & un grand peché par leur union.

39. Me permettrez-vous d'expliquer toute ma pensée, car il y a icy quelque chose de surprenant. Il est constant dans le fait que presque tous les Peres, les Conciles & les Universitez qui ont raisonné sur l'usure, l'ont condamnée principalement parce que le prest est une pure liberalité & une donation, *sicut apparet*, dit Saint Thomas chap. 4. *ex forma verborum, & ex translatione pecuniæ vel rei datæ mutuo, quæ de sui naturâ data est*. Or de là il conclud que, *quicquid huic actui accidit quod liberalitatem tollit, ipsum actum à natura sua avertit*. Et sur ce pied il dit en cent endroits, & depuis luy tous nos Canonistes, qu'il n'est point permis de tirer aucun profit, *ex mutuo*;

vi mutui, ratione mutui. C'est sur celà que le Concile de Bourdeaux a declaré que l'usure est un peché mortel, *quia mutuum debet esse gratuitum ex præcepto divino.* Tous nos Docteurs s'en expliquent ainsi, & ceux mêmes qui nous ont fait l'honneur de répondre à nos Memoires, ont eû la simplicité de faire un recüeil d'une infinité de passages de Ciceron, de Lactance, de Gregoire de Thoulouse, des Conciles, des Papes & de nos Docteurs qui ont pris cette contrarieté pour un sujet de condamner l'usure. St. Thomas même va jusqu'à dire que le precepte de *mutuum date nihil indesperantes*, vient de ce que *mutuum esset gratuitum & non gratuitum.*

40. En quoy il y a une extrême méprise. Car il n'est point apparent que J. C. & nos Peres se soient arrestez à deffendre un contrat si impertinent & si ridicule, & qui seroit gratuit & non gratuit. Est-il jamais tombé dans la pensée de personne de pouvoir vendre & donner en même-temps? Le pourroit-on faire quand on le voudroit? Cependant il semble que ce soit-là la source de la confusion qu'il y a sur cette matiere. Car on a pris le mot *prest* & de *mutuum* dans un sens propre & naturel pour l'office d'une pure amitié

& pour un pur don, qui ne doit point par conſequent profiter au donateur. On a pris enſuite le mot d'intereſt pour exprimer un contrat onereux, & on les a joints enſemble. Voilà comment on a donné à ce contrat l'idée de gratuité & de non gratuité, & qu'on l'a anathématiſé. Et pour s'y autoriſer on a rappellé tous les paſſages des Philoſophes de l'Ecriture & des Peres qui condamnoient les preſts qu'on faiſoit aux pauvres de qui l'on exigeoit avec dureté la reſtitution de ce qu'on leur avoit preſté, & même quelque choſe de plus pour recompenſe du bien qu'on leur avoit fait. Et l'on a appliqué ces imprecations à tous les contrats qui portent le nom de preſt, parce que ce prétendu bien-fait ſert de prétexte à cette concuſſion.

C'eſt ainſi que Saint Thomas aprés avoir dit qu'on ne pouvoit tirer aucun profit, *ex mutuo*, parce que c'eſt une donation, & qu'on le pouvoit faire *ex contractu commutativo*, parce que c'eſt une vendition, ne laiſſe pas de ſoûtenir au ch. 13. par une contradiction évidente que le tuteur ne pouvoit colloquer à intereſt les deniers pupillaires, parce, dit-il, qu'on ne peut rien exiger *ex mutuo* en donnant le nom & l'effet de donation à un contrat onereux.

Voilà comment se forment les opinions des hommes? Plût à Dieu que nous en eussions moins d'exemples dans nos Usages où l'on voit que des dispositions les plus simples du monde dans leur origine sont devenuës insensiblement monstreuses.

41. Mais enfin il faut qu'une porte soit ouverte ou fermée. Si c'est un prest ce n'est pas une vente, & si c'est une vente ce n'est pas un prest. Pour juger de la nature des contrats, nous avons une maxime certaine dans le droit qu'il faut consulter l'intention des parties, parce que c'est elle qui les fait. C'est pourquoy nos Loix disent que s'il y a des termes & des clauses mêmes qui y soient contraires *pro non adjectis habentur*. Or comme celuy qui preste à interest ne pense point à faire de liberalité, mais simplement à loüer son argent comme son Cheval, & que l'emprunteur a la même pensée, il s'ensuit que c'est un pur negoce, & que le mot de prest n'a point été mis dans un sens propre, mais pour signifier un transport d'argent à certainnes conditions. Il en faut juger comme des donations onereuses, car toute donation étant essentiellement gratuite, celles-cy ne sont pas

proprement des donations, du moins jusqu'à concurrence du profit qu'en tire celuy qui l'a fait. Mais dans la verité toutes ces donations & ces prests perdent leur nature de gratuité & dégenerent en des contrats negociatifs, quoy qu'on les appelle d'un autre nom. En un mot il me paroist fort naturel de dire que celuy qui transporte la joüissance de son argent pour rien, en fait un don, & que celuy qui l'a transporté pour de l'argent en fait une vendition.

42. Il faut donc remarquer que par le nom de prêter on ne veut dire autre chose que laisser de l'argent entre les mains d'un debiteur. C'est dans ce sens que les Canonistes disent qu'il n'y a jamais d'usure qu'en vertu d'un prest, & que St. Thomas a mis dans sa définition le prix d'un argent presté, *pretium pro usu pecuniæ mutuatæ*, ce qui n'a point d'autre signification qu'un argent dû; parce que c'est une espece de prest que fait le créancier quand il le laisse entre les mains de son debiteur. En effet tout créancier peut demander les interests de toute sorte de dette comme d'une somme prestée.

43. Mais en verité c'est porter les choses bien loin que de dire comme Urbain III. & le Concile I. de Milan, que

c'eſt une eſpece de preſt que de vendre à crédit, & d'en conclure que ſi l'on vendoit plus cher ſous pretexte de ce crédit, ce ſeroit tirer de l'argent d'un preſt. On dit la même choſe, ſi on achetoit moins cher ſous pretexte qu'on paye argent comptant ; & l'on eſt allé juſqu'à ſoûtenir que ce ſeroit un preſt, que de payer une dette avant que le terme de payer fût échû, & que ſi on donnoit moins que ne porte l'obligation par cette raiſon, ce ſeroit contre le Commandement de ne rien exiger d'aucun preſt. Avoüons de bonne foy que tous ces ſortes de preſts ſont de purs contrats de commerce, que les parties ne penſent à faire ny à recevoir aucune liberalité, & qu'il y en a même qui en emportent une excluſion formelle, comme quand on paye argent comptant ce qu'on doit à terme moyennant quelque remiſe, ou quand on a ſtipulé des intereſts dans un contrat.

CHAPITRE VIII.

Reſolution de la queſtion, ſi c'eſt un peché que de donner à uſure ou de preſter à intereſt.

44. POUR ſçavoir donc ſi les uſures ou les preſts à intereſts ſont injuſtes, convenons des choſes & du nom

que nous voulons leur donner. Nous appellons argent presté tout argent dû & qui est entre les mains d'autruy. Si on le laisse entre ses mains par une pure liberalité, c'est luy en donner l'usage, & nous appellons ce contrat un simple prest, ou un prest gratuit, comme prêter son cheval ou ses livres ; & si c'est à la charge de quelque retour au profit du presteur, nous declarons l'appeller un loüage, une usure & un prest à interests. Nous prenons donc le mot de prest pour un transport ou un delaissement de cet usage, & celuy d'interest ou d'usure pour le prix pour lequel l'usage est laissé.

45. Sur cela il semble qu'il n'y a aucune difficulté sur nôtre question : car supposant un prest gratuit ou un transport fait à titre de liberalité, qui doute que si celuy qui l'a fait en vouloit exiger quelque profit, il ne pechât contre la nature de l'acte, puisqu'il ne seroit plus gratuit, & contre la Justice, puisqu'il se feroit payer d'une chose, dont il auroit fait un pur don. Mais si ce transport se fait à titre onereux, & à la charge d'en payer le prix, qui doute que celuy qui refuseroit de le payer ne pechât contre la nature de l'acte, puisqu'il ne seroit plus onereux & contre la justi-

ce, puisque ce seroit manquer à sa promesse.

46. C'est la resolution de S. Thomas; quand aprés avoir expliqué les deux contrats par lesquels on peut transporter la joüissance de son argent, qui sont le prest gratuit & la vendition, il ajoûte que l'usure qui vient d'un contrât de vendition est si juste, que sans elle la vendition seroit injuste, parce que l'égalité que fait la justice des commerces seroit blessée, mais que celle qu'on exige en execution d'un prest gratuit est injuste, puisque cet usage avoit été gratuitement donné. *Illa superabundantia quæ ex justa permutatione & venditione accidit, non habet vitium inæqualitatis, alias enim non fuisset venditio justa. Illa verò sola superabundantia, quæ ex mutuo vel ratione mutui procedit, liberalitatem & justitiam corrumpit, quia mutuum debet esse gratuitum de natura mutui.* Et c'est dans ce sens qu'il explique le *mutuum date nihil indesperantes*, parce, dit-il, que si l'on esperoit du profit, *mutuum esset gratuitum & non gratuitum.* Et prenant une conclusion diffinitive, il dit que de tous les contrats commutatifs, le prest gratuit est le seul où se trouve l'usure qui merite d'être condamnée. *Ex his apparet quod in solo actu mutui, circa com-*

mutationem rerum primò & per se inest ratio usuræ, secundum quod à Doctoribus accipitur ut superabundantia ex usu rerum condemnabilis.

CHAPITRE IX.

Réponse à quatre objections tirées du raisonnement.

47. VOICY quatre raisons qu'on nous oppose. La premiere est capitale & victorieuse dans la bouche de ceux qui sont dans l'opinion contraire. C'est que tout prest est essentiellement gratuit, & nous voulons bien en convenir pour ne point faire une dispute de nom. Or delà l'on conclud que c'est un grand crime que d'en tirer du profit. Il me semble que cette conclusion est contre toutes les regles de la Logique, car en prouvant que le contrat dont il s'agît n'est pas gratuit, on prouve seulement qu'il n'est pas un prest. Voicy l'argument en forme. Tout prest est essentiellement gratuit. Or celuy dont on tire des interest n'est pas gratuit. Donc il n'est pas un prest. Mais de dire que c'est un peché parce qu'il n'est pas prest, c'est supposer que tout contrat qui n'est pas prest, est un peché. J'aimerois autant dire qu'un contrat de

loüage est un peché, parce qu'il n'est pas une vendition. Supposant même qu'on étoit obligé de donner par aumône cet usage d'argent, il s'en suivra bien que cette omission sera un peché, mais elle ne fera pas que la vendition en soit un. Enfin cette proposition, que tout prest est essentiellement gratuit, fait absolument contre ceux qui la font. Car si ce n'est pas un prest quand on en tire du profit, il faut conclure que c'est un contrat negociatif, dont il est permis d'en prendre, puisqu'autrement il ne seroit pas negociatif.

48. La seconde objection qu'on nous fait est, que l'emprunteur étant devenu proprietaire de l'argent presté, les fruits & l'utilité qui en viennent, doivent estre à luy comme l'herbe au proprietaire de la terre qui la produit. Et cela d'autant plus, dit-on, que l'argent & les fruits sont une même chose. C'est ce qui a donné lieu à plusieurs de dire que l'usure étoit un larcin. *Dicendum quod hoc ipso quod dominium transfertur*, dit St. Thomas dans la somme qui luy est attribuée, *est ratio quare pro usu ejus nihil accipere debeam. Unde si plus exigitur quam debetur, est injusta exactio.* Mais on a fait voir au nombre 15. que l'emprunteur ne devoit point estre regardé com-

me un vray proprietaire de l'argent, puiſqu'il étoit obligé de le reſtituer, & qu'il n'en avoit qu'une poſſeſſion naturelle comme un Fermier, au lieu que le preſteur l'avoit toûjours poſſedé civilement.

J'ajouteray une autre réponſe, qui eſt qu'il eſt peu neceſſaire de developer cette difficulté. Car ſupposés que la proprieté & les fruits appartiennent au preneur par ſon contrat, il faut une fois qu'il ſatisfaſſe aux conditions qui y ſont exprimées. Car cet argument prouveroit qu'un acquereur à crédit, ne devroit jamais payer le prix de ſon contrat, parce qu'il le payeroit pour une choſe qui luy appartient. Or les conditions d'un preſteur à intereſt ſont de rendre la valeur du fond de l'argent, aprés un certain temps, & de payer l'uſage qu'il en feroit juſqu'à la reſtitution.

49. On nous objecte en troiſiéme lieu que tout le profit qu'on peut tirer de l'argent, eſt dû à l'induſtrie, & aux ſoins de celuy qui le fait valoir, & qu'il n'y a rien de moins équitable qu'un autre en profite. *Quicquid utilitatis cauſa contigit ei, cui mutuum dedi*, dit St. Thomas, *hoc eſt de induſtria ejus qui ſagaciter pecunia uſus eſt. Induſtriam autem ejus vendere non debeo.* D'ailleurs

dit-on, celuy qui a fourny originairement la matiere & le fond de l'argent, ne contribuë au profit que d'une façon éloignée, comme un Imprimeur contribuë à la ſcience qu'on tire des livres qu'il imprime, & ne donne qu'une matiere morte & incapable de rien produire par elle-même. Ainſi il n'eſt point juſte qu'il ait aucune part dans le profit qui en vient.

Mais enfin n'y a-t-il pas mille choſes qui n'ont pas la moindre utilité par elles-mêmes, & qui ne ſervent que par le miniſtere de ceux qui les emploient, comme les outils des artiſans, les tableaux & les pierreries, dont les proprietaires ne laiſſent pas de recevoir des profits legitimes en les preſtant? D'ailleurs qui a jamais dit qu'on doive avoir tous les fruits d'une terre qu'on a priſe à ferme, ſans en payer le prix, ſous pretexte que c'eſt par ſes ſoins qu'on les a fait naître & qu'on les recüeille? Car enfin la même Juſtice qui veut que celuy qui fait valoir les choſes reçoive la recompenſe de ſes peines & de ſon adreſſe, veut auſſi qu'il tienne compte de quelque choſe à celuy qui a fourny la matiere. Car d'où vient qu'il la fourniroit pour rien, puiſque ſans elle on n'auroit pas recüeilly ce profit? Le preſt

gratuit

gratuit à d'autres regles, mais celles des contrats negociatifs sont que les deux parties y trouvent des avantages reciproques? Or rien n'est plus aisé que d'estimer cette industrie, pour faire avoir à celuy qui la employée une grosse portion du profit, & une moindre à celuy qui a fourny la matiere. Et voilà ce qu'ont fait les Ordonnances, en jugeant au créancier quelque chose pour sa part du profit tous les ans jusqu'à la restitution du fond, & laissant au debiteur le surplus pour la recompense de ses peines.

50. La derniere raison qu'on allegue pour la même fin, est que toutes les pertes qui peuvent arriver sur l'argent & sur ses fruits, regardent le seul debiteur, à cause des risques ordinaires & extraordinaires des commerces. D'où l'on conclut que le profit doit aussi le regarder tout seul. *Secundum naturam est commoda sequi, quem sequntur incommoda*. C'est de ce principe que Saint Thomas a tiré cette conclusion, *ille cui pecunia mutuatur sub suo periculo eam tenetur restituere integre, unde non debet amplius exigere qui mutuavit*, Au reste toutes ces raisons, dit-on, ne sont point des efforts d'imagination, elles sont tirées des propres paroles de Leon X.

au Concile V. de Latran, quand il donne le vray sens du peché d'usure. *Ea est usurarum interpretatio quando scilicet ex usu rei quæ non germinat, de nullo sumptu, nulloque periculo lucrum fœtusque conquiri studetur.*

Pour y répondre permettez-moy de vous dire que si ce raisonnement de Leon X. étoit bon, & que les usures fussent absolument contre le droit naturel, comme il le dit, comment auroit-il pû luy mesme les autoriser au profit des Monts de pieté? Au fond de deux choses l'une, si l'on veut regarder le prest à interest comme une alienation d'argent, faut-il s'étonner qu'il soit sur le compte des acquereurs, quand il vient à perir, puisque *res perit Domino*? Or en ce cas le prix du contrat en est-il moins dû? Si c'est une espece de loüage ou un contrat *do ut des*, il faut dire qu'il y a une convention necessaire que l'argent & ses fruits soient aux risques du preneur, *recipiens mutuum*, dit la L. *incendium de reb. cr. Obligatur ad sortis restitutionem, idque suo periculo.* La raison est que d'un côté le prest d'argent enferme essentiellement une permission de le perdre & de le consumer, parce que sans cela il seroit inutile, & que de l'autre il y a une obligation expresse d'en rendre la valeur, quelque chose qui arrive. Or on n'a jamais douté que ces conventions ne fussent legitimes, sauf à diminuer l'estimation de ce peril dans le prix de la ferme. Croyez-vous en effet qu'il y ait du mal, quand on renonce à demander la diminution d'une ferme, en cas que les fruits se trouvent perdus, ou quand on s'oblige à la restitution du prix d'un cheval, au cas qu'il soit pris par des voleurs dans un voyage? Cette condition est d'autant plus raisonnable icy, que la perte d'argent ne peut arriver que par le fait du debiteur, qui en auroit fait un mauvais employ.

PARTIE II.

Si les usures ou interests sont contre le Droit divin.

CHAPITRE X.

Etat de la question.

VOulez-vous bien vous souvenir que tout le monde convient que quand on retient mal à propos l'argent d'autruy, il est de la justice naturelle de restituer la valeur de l'utilité que le proprietaire en eust pû tirer. Souvenez-vous encore que l'interest n'est autre chose qu'une restitution de la même utilité dont le prêteur se prive, à laquelle les deux parties donnent un consentement exprés, & que bien-loin que ce consentement la rende vitieuse, il luy donne un nouveau degré d'innocence. Aprés cela voyez s'il se peut dire que celle-cy soit plûtôt contre le droit divin que l'autre, & d'où viendroit que Dieu, qui fait tout avec tant de sagesse, & tant de raison, auroit interdit ce commerce. Mais ce n'est pas assez, il faut entrer dans le fond.

51. Il y a deux sortes de Commandemens, les uns sont particuliers pour marquer une dépendance entiere d'une créature, & une obéïssance aveugle que Dieu desire sur des choses, qui sont d'ailleurs indifferentes. *Je veux ce que je veux, & parce que je le veux.* Telle est la deffense qui fut faite à Adam de manger d'un certain fruit; & le Commandement qu'on fist autre-fois de brûler les dépoüilles de certains ennemis, parce que l'obéïssance vaut mieux que le sacrifice. Les autres Commandemens sont ceux qui ont été inspirés à tous les hommes en naissant, qui sont l'a-

mour de Dieu & du prochain, ausquels se rapporte toute la morale chrétienne, & que nous appellons charité.

La question est donc de sçavoir si la deffense de prendre des interests tombe sur l'un ou sur l'autre de ces Commandemens. Or pour qu'elle regardât le premier, il faudroit que l'expression en fust bien précise dans l'Ecriture, & sur tout dans le Nouveau Testament, parce qu'il n'y a jamais eu de Loy semblable dans la Religion de J. C. & que le seul Commandement qu'il nous a fait, est l'amour. Chacun en pourra juger par les textes que nous allons rapporter; cependant il est mal-aisé d'accorder cette pensée avec la maxime dont tous les Canonistes conviennent, & qu'ils ont tirée de S. Thomas, que l'usure n'est pas un peché, parce qu'elle est deffenduë, mais ils disent quelle est deffenduë parce qu'elle est un peché. Car de là il s'ensuit que, selon eux, elle ne tire pas son vice de la contravention à ces deffenses, mais d'un mal qu'elle enferme interieurement.

52. La difficulté principale est donc de sçavoir, si elle blesse la charité. Surquoy il faut observer d'abord que la charité est une disposition du cœur, & un épanchement de l'ame vers Dieu

& le prochain, qui doit estre dans tous les hommes, sans distinction de personne & dans toute sorte de rencontre, mais que l'exercice dépend de plusieurs circonstances. L'Ecriture est toute pleine des exemples qu'elle en donne. Elle dit que pour bien aymer Dieu, il faut en reconnoistre l'unité, en parler toûjours avec respect, renoncer aux œuvres serviles le jour du Sabath, l'honorer par certaines ceremonies, &c. Elle dit que pour exercer l'amour du prochain, il faut ne point mentir, ne tuer personne, payer les Artisans chaque jour, rendre au soir le gage qu'on avoit reçû le matin, &c. Tous ces exemples ont été des Commandemens absolus entre les Hebreux, mais J. C. nous en a donné la clef, la moële & le suc, en nous faisant des enfans libres & ses coheritiers, qu'il vouloit conduire dans son Royaume par la seule charité.

53. De sorte qu'on a fait deux especes de tous ces Commandemens. Les uns sont parfaitement liés avec cette vertu & des moyens necessaires pour la pratiquer, comme d'adorer un seul Dieu, de parler de luy avec respect, de ne médire de personne, ne commettre point de larcin, &c. Et ceux-là sont absolus, puisqu'ils sont inseparables de l'amour.

Mais il y en a une infinité d'autres qui ne nous obligent que dans certains cas, c'eſt à dire quand ils s'accordent avec la charité. Y a-t-il par exemple des préceptes plus précis que de s'abſtenir des œuvres ſerviles les jours de Fêtes, & de ne point mettre de ſtatuës dans nos Temples? Cependant tout le monde convient que ce ne ſont point-là des Commandemens abſolus parmy-nous.

Il y a plus, car vous n'en trouverez pas un ſeul dans les deux Teſtamens, qui nous oblige aujourd'huy indiſtinctement à une choſe particuliere & exterieure, & qui ne ſe regle par les circonſtances, qui l'approchent ou l'éloignent de la charité. De ſorte que pour pointer la difficulté où nous ſommes, il faut ſçavoir ſi l'Uſure eſt ſi oppoſée à la charité, qu'elles ne puiſſent marcher enſemble. Car ſi cela eſt, il ne faut pas douter qu'elle ne ſoit un peché. Mais ſi en prêtant à uſure, c'eſt à dire à la charge que le debiteur payera quelque choſe pour l'uſage qu'il fera de l'argent qu'on met entre ſes mains, on peut accorder ſes propres neceſſités avec celles d'autruy, & ſe faire du bien, quand on en fait aux autres, il ſe peut dire qu'elle n'eſt pas un mal en ſoy. Voilà ce qu'il faut examiner.

CHAPITRE XI.

Si c'est contre la charité que de loüer son argent.

J'AVOUE que ce titre me fait peine. Car d'un côté comment peut-on dire qu'il soit plus contre la charité de vendre l'usage de son argent que celuy de son cheval? Et de l'autre si c'est un grand peché de recevoir le prix de cet usage, comment dit-on qu'on peut innocemment recevoir celuy qui vient du retardement d'un payement? Car enfin a-t-on plus d'attache aux richesses, & fait-on plus de mal au prochain, quand on tire ce profit à titre de loüage? Mais venons au fond.

54. La charité a deux objets qui sont Dieu & le prochain. La premiere est une pente de l'ame vers Dieu, qui se consacre entierement à luy pour l'honorer par ses pensées, ses desirs & ses actions; & le crime qui y est opposé est un épanchement excessif de l'ame vers les biens de la terre, qui s'appelle cupidité. Surquoy il est bon de remarquer que la recherche de ces choses, non seulement n'est pas criminelle, mais qu'elle

qu'elle est trés-juste en elle-même, à cause qu'elles sont necessaires à l'entretien de nôtre vie, & qu'il n'y a que l'attache excessive & immoderée qui soit mauvaise, parce qu'il n'y a qu'elle qui fasse perdre à Dieu le droit qu'il a sur nos cœurs. Ainsi il y a de l'illusion à penser que tout desir de faire du profit & d'exiger des interests soit un peché en soy-même comme un blasphême, parce qu'il n'enferme pas cet excés d'attachement, & que s'il en étoit autrement on condamneroit tous les commerces. *Est honestus quæstus*, dit St. Leon, *& turpis.* Aussi les mineurs ne laissent pas d'exiger des interests de leur Tuteur quoyqu'ils soient de purs profits, & tous les Docteurs les ajugent aux créanciers qui les demandent pour se dedommager d'un profit cessant. C'est dans ce sens que St. Thomas distingue deux sortes d'usure, l'une criminelle *ad effectum avaritiæ*, & l'autre innocente. *In bono accipitur, si sit ad finem convenientem. Finem convenientem dicimus, utile & necessarium vitæ humanæ.*

55. A l'égard de la charité vers le prochain, l'on fait d'ordinaire de grands discours sur les maux qui viennent de l'avarice des usuriers, de leur insensibilité aux miseres d'autruy & de leur

pareſſe, en ce qu'ils ne contribuënt en rien au bonheur d'un état par leurs perſonnes & leurs ſoins. C'eſt ce qui les a fait toûjours paſſer pour ſi infames qu'on les a exclus de la clericature, & ſouvent chaſſés des états. Et voilà comment on a joint l'idée de l'uſure avec le défaut de charité, la corruption du cœur, & les deſordres qui arrivent dans les Republiques. On pourroit ſe ſervir du méme genre de raiſonnement pour la canoniſer, puiſqu'on peut preſter de cette ſorte par des principes de charité, car il arrive ſouvent que les emprunteurs y trouvent de grands avantages : ſans cela les uns auroient languy long-temps en priſon, les autres auroient veu vendre leurs terres, les autres n'en auroient pas acheté, & les autres auroient ceſſé leur trafic, parce qu'ils n'étoient pas dans un beſoin ſuffiſant pour attirer une neceſſité d'aumône. Lampridius écrit qu'Alexandre ſevere aidoit les pauvres en leur donnant de l'argent à 4. pour cent, Juſtinien permet de prendre un boiſſeau de bled pour l'intereſt de huit, & Gregoire de Tours écrit que les habitans de Verdun ayant emprunté 7000. écus d'or à intereſt de Theodoret, non ſeulement ils ſe tirerent de la neceſſité, mais qu'ils devinrent tous riches. Enfin les preſts à interest que font les Monts de pieté aux pauvres ne les soulagent-ils pas, & peut-on dire que ce qu'un Concile établit pour l'exercice de la charité, soit un peché contre la charité ?

56. Tout cela signifie que l'usage des interests n'est point mauvais par luy-même, parce qu'il ne renferme en soy aucun mal comme le mensonge & la médisance. Au contraire il est meritoire, selon St. Thomas, quand on l'employe au soulagement des pauvres, *Secundum legem fraternæ charitatis*, suivant ce passage qu'il rapporte, *quia coacervat divitias usuris, & fœnore liberali in pauperes congregat eas.* Mais comme on s'en sert souvent par un principe d'avarice, ce saint Docteur ajoûte que c'est la raison pourquoy l'on prend souvent l'usure pour un crime.

CHAPITRE XII.

Si l'Ecriture a deffendu de loüer son argent; & dans quel sens elle a condamné les usures.

57. CETTE resolution est parfaitement soûtenuë par les propres textes de l'Ecriture, parce qu'il semble qu'on n'y a eû aucun dessein en blâmant les usures, que d'inspirer la charité & de faire des aumônes aux pauvres. Mais

pour les bien entendre il faut examiner ces passages selon les principes d'Origene, c'est à dire en expliquant ceux qui sont vagues & indeterminés, par les autres, qui sont clairs & determinés, sans s'arrester à quelques termes & quelques expressions singulieres, en comparant ensemble tout ce qui s'en trouve écrit, pour en bien penetrer l'esprit & le sens.

Voicy comme il est dit dans l'Exode. *Si pecuniam mutuam dederis populo meo pauperi, qui habitat tecum, non urgebis eum quasi exactor, nec usuris opprimes.* Et au Levitique; *Si attenuatus fuerit frater tuus & infirmus manu, & susceperis eum quasi advenam & peregrinum, & vixerit tecum, ne accipies usuras ab eo nec amplius quam dedisti. Time Deum ut vivere possit frater tuus apud te. Pecuniam non dabis ei ad usuram, & frugum superabundantiam non exiges.* Et dans Ezechiel; *Panem esurienti dederit, nudum operuerit vestimento, ad usuram non accommodaverit.* Et dans le Deuteronome; *Si unus de fratribus tuis ad paupertatem venerit, non obdurabis cor tuum, nec contrahas manum, sed aperies pauperi & dabis mutuum quo eum indigere perspexeris, &c. Fratri tuo absque usura id quo indiget, commodabis.* Remarquable qu'il n'est parlé icy que de la charité vers le prochain, comme si Dieu luy avoit transporté tous ses droits ; mais nous verrons que les Peres luy ont rendu justice, & qu'ils n'ont pas laissé d'étendre par-là son regne sur nos cœurs.

58. Rien ne peut mieux expliquer ce que nous disons que le ch. 5. de Saint Mathieu, où Nôtre Seigneur nous inspire de donner en pur don, ou la proprieté des choses dont le prochain a besoin, ou leur simple usage. *Qui petit à te, da ei* : voilà la proprieté. *Et volenti à te mutuari, ne avertatis* : voilà le pur prest. St. Luc fait le mesme commandement de donner le fond de nos biens, *Omni potenti à te tribue.* Mais à l'égard du prest & de la donation du simple usage, il fait une subdistinction. Il dit qu'il y a des emprunteurs de qui on peut esperer la restitution de ce qu'on leur a presté, & alors on est veritablement obligé de leur prester, mais il ajoûte que ce n'est pas là une grande grace. *Si mutuum dederitis à quibus speratis recipere, quæ gratia vobis, &c.* Or J. C. voulant porter la perfection plus loin, dit qu'il faut mesme prester à ceux de qui on n'espere pas la restitution de la chose qu'on a prestée. *Mutuum date nihil inde sperantes.* C'est le sens qu'y a donné S. Ambroise sur Tob. ch. 16. *Date mutuum*, dit-il, *iis à quibus non sperantes vos, quod datum fuerit recep-*

turos. Voilà d'où les Peres ont pris que la loy anc. étoit moins parfaite que la nouvelle, parce que celle-cy ne défend pas seulement de ne tirer aucun profit du prest, mais encore de ne pas exiger le principal.

59. Je ne sçay comment quelques-uns prennent ce passage dans un sens forcé, pour dire deux choses fort extraordinaires ; l'une que ce *mutuum* ne se doit entendre que d'un prest d'argent & des choses qui se consument par leur usage, comme le bled & le vin, & non des choses qui ne se consument point quand on s'en sert, comme les chevaux & les habits. L'autre que c'est pour nous deffendre de tirer aucun profit du prest de ces choses qui se consument ainsi, & non-pas pour nous convier de les prester, quand même on n'espereroit pas d'en recevoir jamais la valeur. En verité si on osoit, on se plaindroit de ce qu'on ne considere pas assez l'étenduë de la charité, qui est exprimée en ce lieu-là. Car enfin ces restrictions s'accordent-elles avec ce precepte de donner tout ce qu'on nous demande, d'abandonner nos biens mesme à ceux qui nous les enlevent de force, & d'avoir autant de pitié de nôtre prochain, que Dieu en a de nous ? Pensez-vous qu'on ait ordonné de prester gratuitement de l'argent & du bled, &

qu'on n'ait pas ordonné de prester de la mesme sorte des habits & des chevaux ? Croyez-vous encore qu'on n'ait pas voulu qu'on donnât la proprieté de tout cela selon les necessités du prochain. Or dés que vous entendrez ce passage du prest de toutes ces choses, ou du don de leur proprieté, il ne sera plus question d'usure dans cet endroit ny du prix d'un usage d'argent, & ce passage sera allegué icy sans sujet.

60. Mais ce qui nous étonne le plus, est la raison de ces restrictions C'est dit-on, parce que *mutui datio constat rebus quæ usu consumuntur*, puisque *mutuum* vient de ces mots *quod ex meo fit tuum*. Or cela ne s'entend point des chevaux & des habits, puisque le prêt de ces choses s'appelle *commodat* ou *loüage*. Et comme J. C. étoit bon Grammairien & bon Phisicien, on conclud qu'il n'a entendu parler que de ce qui se consume par l'usage. Mais on n'a pas remarqué qu'il y a les mêmes principes de charité dans toutes ces sortes de prests, & qu'elle fait le fond du raisonnement de J. C. On n'a pas regardé qu'au verset précedent, il s'étoit servy du mot de *mutuum* pour exprimer un prêt de toute sorte de chose *si mutuum dederitis &c.* & que saint Mathieu s'est servy du mot de *mutuari*, dans le même sens,

Enfin on n'a pas remarqué que le mot de prest répond précisement à ceux de *omni petenti da ei*, qui ne s'entendent pas plus d'argent, que de toute autre chose.

Au fond il est vray que dans l'espece de Saint Luc il n'est pas permis d'exiger du profit d'un prêt, puisqu'on ne doit pas même esperer la restitution du principal, & que cela n'est pas plus permis dans l'espece de Saint Mathieu, parce que c'est un office d'une pure amitié. Ainsi le sens qu'on y donne est raisonnable, quoy qu'il ne soit pas assés étendu. Mais enfin ces défenses n'ont de rapport qu'à la seule charité & aux besoins du prochain, n'ayant jamais été défendu de redemander ce qui a été presté, quand le preneur a le moyen de le rendre. C'est pourquoy St. Bazile, St. Ambroise & St. Hilaire ont entendu ces passages des pauvres, dont St. Hilaire dit que J. C. a voulu chasser la faim & la soif.

61 On pourroit encore trouver quelque exemple parmy les Juifs dont Dieu avoit pris le gouvernement temporel, pour dire qu'il a défendu de tirer du profit de l'usage de l'argent des bleds & des vins, comme de commercer avec les étrangers, & de manger la chair de certains animaux. Mais que J. C. ait voulu entrer dans le détail de nos contrats & de

nos negoces, de permettre de donner l'usage de nostre argent, & défendre de le vendre, de punir par l'usure un tuteur qui manque de faire valoir l'argent d'un mineur, & défendre de punir celuy à qui le tuteur avoit confié le même argent, pour le faire valoir, de défendre de tirer directement ce profit par une convention expresse, & permettre de le tirer indirectement pour se recompenser de la perte d'un autre profit, & de tout cela faire un point essentiel de sa Religion, c'est en verité ce que l'esprit a peine à comprendre.

Le plus dur est encore en ce qu'on dit que c'est, parce qu'il y a de la cupidité dans le loüage d'un argent monnoyé. Mais y en a-t-il moins dans celuy d'un argent non monnoyé ou dans le loüage d'un cheval? Voyés la contradiction qu'on met dans la bouche de J. C. Je declare qu'il n'y a point de cupidité quand les Monts de Pieté prêtent à interest aux pauvres; mais qu'il y en auroit une horrible si les Hôpitaux de Rennes prêtoient ainsi même à des riches, & j'ayme mieux voir mourir les malades de faim que de le souffrir. Je permets à un gendre de stipuler des interests pour nourrir sa famille, parce que sans cela il ne se seroit pas marié; mais je le défend à un pauvre homme pour nourrir la sienne, quoyque sans cela il n'auroit pas prêté. Je veux bien qu'on obtienne des interests par rigueur de Justice & par le ministere d'un Sergent; mais si vous les obteniés de gré à gré ou par le ministere d'un Notaire, je vous traiterois comme le plus scelerat des hommes. Et l'on trouve tout cela compris virtuellement dans ces mots *mutuum date nihil inde sperantes.* Mais enfin si c'est une défense absoluë que J. C. ait faite de tirer ce profit, il faut avoüer qu'elle comprend toutes ces especes, & si elle ne l'est pas & qu'elle ne soit fondée que sur la charité, elle ne doit point comprendre le loüage d'argent qu'on fait aux riches.

62. Mais pour revenir au vray sens de l'Ecriture ne vous paroît-il pas 2. choses dans tous ces textes, l'une qu'elle ne parle que du soulagement de ceux qui sont en necessité, & que la charité en est l'ame & l'esprit, l'autre que défendre d'exiger des interests précisément des pauvres, c'est le permettre à l'égard des autres, comme défendre de manger le sang des animaux dans l'ancien Testament, c'étoit permettre d'en manger la chair. C'est ainsi qu'aprés que Justinien eût fait un droit commun des usures au denier 12. Il se tint un Concile dans son Palais où il fut défendu aux Evêques d'en exiger à ce denier. Car il parut par-là que les

moindres ne leur furent point défenduës, & que celles-même du denier 12. furent permises aux Clercs inferieurs & à tout le monde, parce que les exceptions particulieres assurent que la regle generale est au contraire.

Mais enfin il s'agit uniquement de sçavoir s'il est défendu par le droit Divin & par l'expression des écritures de traiter de l'usage de son argent avec ceux qui ne sont pas en necessité. Or tous ces passages prouvent-ils autre chose sinon qu'il faut avoir un commerce charitable avec le prochain, ne point tirer ses droits à la rigueur vers luy, & luy donner par pure liberalité, tantôt le sort principal de nôtre bien, & tantôt le simple usage selon ses besoins. En verité pouvons-nous en tirer l'idée d'un commandement aussi extraordinaire que celuy-cy, *je te deffend de vendre l'usage de ton argent à qui que ce soit, mais tu en donneras la joüissance gratuitement, même aux plus riches.*

CHAPITRE XIII.

Sentiment des Peres.

63. LES Peres de l'Eglise n'ont point eu d'autre sentiment que celuy qu'on a dit. Lisez tout ce qu'ils ont écrit, vous

trouverez qu'ils ne condamnent l'usure qu'en ce qu'elle ruine les pauvres. Qu'est-ce qu'exiger des usures, dit St. Ambroise sur Tob. que *strangulare animam debitoris.* Tobie avertit son fils de ne point prêter à interest, & de soulager les pauvres, *nec averteret faciem suam ab ullo paupere. Qui trucidat pauperem fœnore*, dit St. Augustin Ep. 54 Et dans son Hom. 48. *Ne recevés pas plus que ce que vous avez prêté, par ce qu'il n'a pas diquoy vous payer.* Quelle honte, dit S. Basile ps. 14. de chercher *pecunias & quæstum ex penuria!* Un homme juste, dit St. Cyprien l. 3. à Quirinius, *hominem non opprimet, pecuniam non dabit ad usuram.* Nous avons appris, dit St. Leon en sa premiere Decretale, *quosdam lucri cupiditate captos usurariam exercere avaritiam.* Qu'on ne prenne point d'usure dit Lactance *l. 6. de inst. ut succurrat necessitati, nec ex alterius necessitate prædetur.* L'usure est un enfant de l'avarice dit St. Gregoire de Nisse, *quem parturit avaritia, parit iniquitas & obstricatur inhumanitas.* Et dans l'Oraison contre les usuriers, *à paupere exigis reditus. Quid durius quam ut des pecuniam non habenti*, dit St. Ambroise, *Et ipse duplum exigas. Qui simplum non habuit unde solveret, quomodo duplum solvet.*

64. Nous avons voulu rapporter les

propres termes des Peres pour faire juger à tout le monde qu'ils ont placé le vice de l'usure dans l'éloignement de la charité. Car c'est dans ce sens qu'ils ont appellé les usuriers des idolatres, des homicides, des enfans d'avarice, des marchands d'injustice, des voleurs, des parricides, & des hommes execrables, parce qu'ils voloient à Dieu leur propre cœur, & aux pauvres le bien sur lequel ils avoient un vray droit. Ils ont dit qu'il ne falloit pas prendre des interests des pauvres, parce qu'on leur doit le principal, ny des demy riches, de peur de les rendre pauvres, ny des riches, de peur d'attacher son cœur aux richesses, & de l'ôter à son créateur par l'ambition, le luxe & les soins qui detournent du service de Dieu, ou pour donner aux pauvres ce qu'on préteroit aux riches. Enfin s'ils ont employé quelqu'autre raison, c'est de celles qui viennent à l'écart, & qui n'empéchent pas que la charité n'ait été la dominante & décisive.

Il faudroit transcrire tout ce qu'ils en ont dit, pour prouver ce que nous disons. On pourroit y suppléer par une espece d'extrait que le Pere Thomassin a pris la peine d'en faire, mais il n'y a que ceux qui sont versés dans ces sortes de lecture, qui puissent le bien comprendre.

Car ces Peres étant comme saintement enyvrés de l'amour de Dieu, confondoient souvent les preceptes avec les conseils, & donnoient le nom de peché à ce qui n'étoit pas le plus parfait. *Propheta perfectum hominem describens*, dit St. Basile, *illud annumeravit, ut argentum sine fœnore daret*, & sur cela il rapporte le 18. chap. d'Ezechiel, qu'il applique à celuy *qui egestate premitur*. Ils avoient tant d'horreur du crime, qu'ils condamnoient les professions qui en portoient la moindre ombre, & qui pouvoient servir d'occasion de le commettre. On n'en peut donner de meilleurs exemples que l'exercice des Armes, les Magistratures, & le Negoce qu'ils avoient presque interdits à tous les Chrétiens.

65. Sur ces principes ils ont appellé les Marchands, des idolatres, des voleurs, des parjures, des injustes, & des scelerats comme les usuriers. Ils sont allés jusqu'à condamner toute sorte de profit, parce qu'on ne le peut faire que sur la perte d'autruy, & sans y avoir de l'attache. *Augmenter ses biens*, dit St. Paulin, *c'est une industrie & une vertu dans ce siecle, mais c'est un crime devant Dieu, industria est quæstus apud sæculum, apud Deum crimen est*. Un homme sage n'a jamais amassé de bien, dit Lactance, parce qu'il le regarde comme de l'ordure. *Nunquam lucro*

ſtudet ſapiens, quia terrena ſpernit. Enfin ils avoient tant fait que tout le monde étoit perſuadé que les Chrétiens étoient des faineans & inutiles à l'Etat. Cependant quand il fallut s'expliquer, ils répondirent qu'ils ne croyent pas que le trafic fut un peché, mais qu'ils croyent que les trafiquans étoient des pecheurs, par leur avarice & leur tromperie. Ils euſſent pû dire la même choſe de l'uſure s'ils euſſent été obligés de s'en expliquer.

66. Mais on n'avoit garde de leur faire ce reproche, parce qu'ils ne ſe plaignoient des uſures que par des ſentimens de pieté, & pour l'intereſt des pauvres, ſans ſe mêler des contrats & des commerces. En effet dans le temps qu'ils déclamoient ſi fort contr'elles, les Empereurs ne ceſſoient pas de faire des Ordonnances qui les regloient comme les contrats ordinaires. Or le moyen de penſer que les uns & les autres les euſſent priſes dans le même ſens, & que les uns euſſent appellé idolatrie, parricide, volerie, & crime execrable, ce que les autres appelloient un contrat legitime, qu'ils permettoient aux plus illuſtres de l'univers, comme a parlé Juſtinien? Le moyen de croire que les Ordonnances des Princes & les diſcours des Peres étant publiés par tout le monde Chrétien, perſonne n'eût remarqué cette étrange contrarieté, & que les Peres ne se soient jamais plaints de ce que faisoient les Empereurs, ny les Empereurs de ce que disoient les Peres ? Comment s'imaginer qu'ils soient demeurez tant de siecles dans une opposition si évidente, sur un sujet où il n'y avoit personne qui ne prist interest, pour ce qui regarde son salut & ses affaires domestiques, sans s'en plaindre & sans en parler ? Car le seul qui ait parlé de ces Ordonnances a été St. Augustin, en déclamant contre de certaines usures si cruelles qu'elles faisoient mourir les pauvres de misere & de faim, *qui trucidat pauperem fœnore.* Mais Saint Ambroise, par exemple, qui avoit tant de zele pour la discipline Ecclesiastique, & de crédit sur les Puissances, & qui avoit tant crié contre les usures, n'auroit-il pas eû la hardiesse de rien dire contre les Ordonnances de Constantin, d'Honorius & Arcadius, qui les authorisoient. Enfin supposant que les Peres n'ayent pas eû cette hardiesse, les Princes qui avoient bien celle de les envoyer en exil, n'auroient-il pas pû les empêcher de parler ouvertement contre leurs Ordonnances.

67. Pour prendre donc une conclusion définitive sur le sentiment des Peres, il faut dire que si nous vivions dans la simplicité

plicité de leur temps, nous parlerions comme-eux, & n'aurions pas besoin d'entrer dans ces détails. Ces Saints hommes préferoient le sentiment de la pieté à la science de sa définition, parce qu'ils ne pensoient qu'à la direction du cœur. S. Paul a mieux aimé nous marquer les effets de la charité que d'en expliquer la nature. C'est ainsi que les Peres se sont toûjours contentés en ces matieres de la pratique & de l'usage commun, sans se mettre en peine d'en donner des raisons si particulieres, & qu'en condamnant l'usure, ils l'ont toûjours accompagnée des caracteres d'avarice & de cruauté, sans entrer en d'autres explications. Mais puisque la Philosophie a trouvé une place dans la Religion, & qu'il faut aujourd'huy défendre nôtre morale par les principes du raisonnement, on ne peut s'empêcher de définir les choses & d'en examiner les differentes especes pour les placer dans l'ordre de la Justice, & tenir le milieu entre la discretion dont on doit user avec les personnes de divers Etats. Ainsi nous ne prétendons rien dire de nouveau, & qui soit different de la Doctrine des Peres, & nous ne faisons que l'expliquer en suivant leurs principes, & dire ce qu'ils eussent dit, s'ils avoient été dans la même occasion que nous.

CHAPITRE XIV.

Exposition des objections tirées de l'Ecriture, des Peres, des Conciles & de nos Docteurs.

VOICY le centre des difficultés, car la plûpart de nos adversaires & si je l'ose dire des plus sensés quittent le party du droit naturel, & abandonnent toutes ces raisons usées qu'on a dites au commencement, pour se renfermer dans les seules authorités. Ils disent qu'il faut que la raison se taise quand Dieu parle, & que nous le devons écouter par l'organe de l'Eglise & des Peres. C'est pourquoy nous avons pris un soin particulier de faire un extrait fidéle de tout ce qu'ils ont dit de plus fort sur cette matiere, afin de donner à un chacun la liberté d'en juger, & voicy les objections qu'on y fait.

68. On remarque d'abord qu'encore que les premieres idées qui reviennent de ces authorités regardent les pauvres & l'exercice de la charite, Cajetan a crû que leur nom n'a été employé, que parce qu'il est plus ordinaire qu'ils empruntent que les autres, mais qu'il paroît que l'usure a été condamnée comme étant un crime en elle-même par 3. raisons. Premierement, parce qu'on ne voit au-

cune exception, ny aucun endroit qui marque la moindre distinction entre les riches & les pauvres, ny entre la plus grande & la plus petite usure, ny la moindre liberté d'en tirer en aucune occasion.

Nous avons toûjours regardé cette objection comme la plus petite de toutes, parce qu'il n'a jamais été question dans l'écriture de marquer ce qui est permis par le droit commun, & de donner à un chacun une liberté particuliere de vendre ou de loüer certains biens, Dieu ayant donné à tous les hommes le droit de se servir de tous en general de la maniere la plus avantageuse qu'ils pourront. Car enfin à quoy eût il été bon de dire aux fidéles qu'ils peuvent faire valoir leur argent comme leurs chevaux, puisque le droit naturel, les Edits des Empereurs & l'usage le leur permettoient. Mais l'on a fait voir de plus, que quand l'écriture & les Peres interdisent l'usure précisément à l'égard des pauvres, c'est la permettre à l'égard des riches, comme deffendre de contracter, à ceux qu'on declare prodigues, c'est supposer & dire que les autres le peuvent faire.

69. L'on objecte en second lieu qu'encore que pour combattre l'usure, on ait parlé de l'éloignement de la charité, ce n'a été que par une raison subsidiaire &

pour mieux faire sentir les Commandemens de Dieu, mais qu'on y a employé bien d'autres raisons qui en font connoître le vice interieur. Que St. Gregoire de Nice l'a condamnée, parce que la nature n'avoit pas donné la fecondité à l'or. Innocent III. parce qu'en donnant un delay de payer pour de l'argent, on vendoit un tems qui appartenoit à Dieu, d'autres, parce que c'étoit profiter du bien ou de l'industrie d'autruy, & d'autres, parce que tout prest seroit peché s'il n'étoit gratuit. On ajoûte que les réponses qu'on y vient de faire sont toutes neuves, & par consequent trés-suspectes, & que St. Jerome & St. Ambroise ont dit que si l'usure étoit deffenduë entre les Juifs parce qu'ils étoient freres, elle le devoit être entre les Chrétiens parce qu'ils l'étoient aussi. St. Antonin va plus loin, quand il dit que les Juifs pechoient mortellement en prêtant à interest aux étrangers, parce que la permission de le faire n'étoit accordée qu'à la dureté de leur cœur.

La réponse ordinaire est que les Peres ont fait comme ceux qui sont persuadez d'une verité & qui la soûtiennent par toutes les raisons bonnes & mauvaises qui leur viennent dans l'esprit, afin que ceux qui ne sont pas touchez des unes le soient des autres. Que s'ils y ont commis quelque excés, il faut avoüer qu'il est bien excusable, puisqu'il a pour fondement la vertu, & pour effet le soulagement des pauvres. Mais enfin il nous suffit que leur raison dominante & repetée cent & cent fois pour condamner l'usure, ait été la destruction du regne de l'avarice, & l'établissement de celuy de la charité. Si vous n'estes pas satisfait de cette reponse, voulez-vous bien y joindre celle que nous allons proposer au ch. suivant.

70. La troisiéme & la plus forte objection est, que l'écriture défend en termes exprés & indistinctement de recevoir plus qu'on n'avoit presté, & d'ajoûter un surcroît au sort principal, & que l'essence de l'usure semble condamnée par-là. Que c'est dans cet esprit que les Peres ont dit qu'il n'étoit pas plus permis de prester à interest que de tuer, ou de voler, & de prendre le bien d'autruy. D'où ils ont appellé les usuriers, des larrons & des homicides, parce qu'ils ôtoient aux pauvres ce qui leur appartenoit, & qu'ils les faisoient mourir de faim. Que c'est dans ce sens que le troisiéme Concile de Latran dit que l'usure est un peché comme un mensonge, qu'on traite les usuriers de scelerats, & de justes ceux qui n'ont point donné leur argent à interest, que dans

Esdras Nehemie reprend terriblement ceux qui avoient donné leur argent à usure, & que dans le ps. 14. on loüe celuy *qui pecuniam suam non dedit ad usuram.* Or tout cela marque un vice interieur qui ne dépend ny de la quantité d'argent qu'on exige, ny de la qualité de ceux de qui on l'exige, ny du motif qui le fait chercher, ny de l'employ qu'on en veut faire. En effet, dit-on, est-il à croire que le seul violement de la charité ait porté les Peres à prononcer tant d'anathêmes contre l'usure, puisqu'il y a tant d'occasions où l'on fait beaucoup de bien par ce contrat. Saint Chrisostome s'est fait même cette objection que mille gens y trouvent dequoy subsister & payer leurs créanciers, & n'a pas laissé de conclure que c'étoit un crime, parce que c'étoit vendre une chose que Dieu obligeoit de donner gratuitement.

L'on couronne ce raisonnement par une citation d'un grand nombre d'authoritez d'Ordonnances civiles, de Constitutions Papales & de Conciles qu'on prétend contraires à nos décisions. On dit, par exemple, que les Conciles 3. & 5. de Latran, ceux de Milan & de Bourdeaux, Urbain III. & Innocent III. ont expliqué le *mutuum date* dont on vient de parler, comme si Dieu avoit défendu d'exiger des interests sous quelque prétexte que ce soit. Et cela d'autant plus que le Concile de Nicée l'a deffendu aux Clercs précisément, parce qu'ils étoient opposez aux Commandemens de Dieu, ce qui a été repeté dans plusieurs de nos Ordonnances.

On peut repondre en disant que quand il est deffendu d'exiger plus qu'on n'a reçû, ou d'ajoûter un surcroît au principal, ou quand on dit que l'usure est un vol, ou un homicide, ou un peché comme le mensonge, ou quon a condamné l'usure en general, ce n'est que par rapport aux pauvres & au violement de la charité. Et cela n'est pas tout à fait éloigné de la verité. Car si vous reflechissez sur tous les discours des Peres, vous verrez que dans leur langage le crime de vol, de patricide, & d'idolatrie ne tombe que sur l'avarice & la dureté pour les pauvres, & je vous defie de nous en rapporter un seul passage que vous puissiez separer de cette idée. *Noli exigere plusquam dedisti*, dit St. Amb. sur Tob. *cap.* 13. *à quo durum est repetere quod dederis, nisi habeat unde solvat*. Et dans un autre endroit. *Subvenire non habenti humanitatis est, duritia autem, plus extorquere quam dederis. Fœnera proximo tuo*, dit un autre Pere, *in tempore necessitatis illius*. Rappellez icy tous les passages que nous avons rapportez aux chap. 12. & 13. Si quelques uns nous donnent d'autres idées, ne faut-il pas les expliquer par ceux-cy qui sont dans un nombre infini. Mais comme cecy est le vray retranchement de l'opinion contraire, il y faut entrer plus avant, & creuser la difficulté.

CHAPITRE XV.

Réponse à ces objections.

71. AVANT que de répondre à ces objections, trouvez bon que nous mettions la question dans son jour. Nous avons deux difficultés, l'une sur le droit pour sçavoir si l'usure est mauvaise en soy, l'autre sur le fait, si l'Ecriture & les Peres ont dit qu'elle l'étoit. Pour expliquer la premiere, nous avons levé l'équivoque qui vient du mot d'usure. Nous convenons que c'est le prix de la joüissance de l'argent d'autruy & un profit qu'on reçoit au delà du sort principal Or nous avons fait voir qu'il y avoit cent occasions où la Justice nous permettoit de recevoir ce profit, comme par exemple quand le debiteur ne payoit pas au terme qu'il devoit, ou que le créancier eût fait un autre profit, s'il avoit eu son argent; C'est pourquoy on

a presque changé la question, parce qu'on allegue qu'il y a une certaine équité qui rend cette usure innocente dans ces deux occasions, aussi-bien que dans toutes les autres qui sont rapportées au chap. 5. & l'on a mis la question sur les *usures lucratoires*, quand le debiteur a reçû d'argent à la charge de payer le prix de cette joüissance jusqu'à la restitution du principal, parce que ce profit venoit de cupidité.

Nous avons demandé en suite ce que c'est que cette équité qu'on trouve dans certains commerces & qu'on ne trouve pas dans les autres, parce que nous n'en connoissons point qui soient plus marqués de ce caractere, que celuy d'un loüage d'argent, & qui ne paroist pas moins juste que celuy du loüage d'un cheval. Nous voudrions encore sçavoir ce qu'on entend par les mots *d'usures lucratoires, ou de profit plein de cupidité*, parce qu'il n'y en a point qui merite mieux ce nom que celle qui vient d'un simple retardement de payement qu'on ne peut souvent faire par pauvreté, ou celle qu'on exige pour se recompenser d'un autre profit qu'on eût fait si l'on avoit eu son argent, & qu'on croit néanmoins estre plein de justice & d'innocence. Voilà où nous en sommes sur la question de Droit. Et nôtre diſpute ſera ſans fin, juſqu'à ce qu'on nous ait expliqué ce que c'eſt que cette équité qu'on trouve dans les intereſts qui ſont demandés en Juſtice, & qu'on ne trouve point quand ils ſont conſentis par le debiteur, & ce que c'eſt que ce profit impur qu'on trouve dans le loüage d'argent, & qu'on ne trouve point dans les autres negoces.

72. Si nous ny prenons garde nous allons tomber dans le même embaras sur la queſtion de fait, pour ſçavoir ſi l'Ecriture & les Peres ont déclaré que l'uſure étoit mauvaiſe en ſoy, parce que le nom d'uſure porte toûjours ſon équivoque, & qu'encore qu'ils ayent défendu l'uſure en general, il ne s'enſuit pas que ce ſoit celle qui fait la conteſtation. En effet ſi vous prenés à la lettre le mot d'uſure, & qui eſt le prix de la joüiſſance qu'on a faite de l'argent d'autruy, vous y comprendrés toutes celles que vous reconnoiſſés innocentes, & que vous dites eſtre pleines d'équité. Ainſi tous les paſſages que vous allegués portant des défenſes de commettre des uſures en general, ou de recevoir plus que le ſort principal, & toutes les declamations que font les Peres & les Conciles contre les uſuriers en general, ne font rien à nôtre ſujet, parce que nous avons droit

de les entendre de celles que nous reconnoiſſons injuſtes, juſqu'à ce que vous nous faſſiez voir qu'ils l'ont entendu autrement.

Et au cas qu'on nous montre que ces autorités s'entendent d'une défenſe de recevoir ce profit en vertu d'un contrat de loüage, il faudra diſtinguer les degrés d'autorités de ceux qui l'auront dit. Si c'eſt l'Ecriture Sainte, nous n'avons que l'obéïſſance à luy offrir, & à ſoûmettre nôtre eſprit & nos foibles lumieres à ſes revelations, & ce ſera alors une matiere de Foy. Mais il faut qu'elle en ait parlé clairement & diſtinctement, parce que ſi l'on en tiroit ce ſens là indirectement & par des conſequences ſujetes à conteſtation, chacun auroit droit d'en diſputer la verité, & ce ne ſera plus une matiere de Foy. Car enfin nous devons un reſpect trés-profond & une créance entiere & abſoluë à la parole de Dieu. Nous devons croire ſimplement l'Incarnation, la Trinité, l'Euchariſtie &c, ſans ſçavoir le pourquoy ny le comment. Mais ce qu'on en dit au delà ; & le raiſonnement ſur le pourquoy & le comment n'appartient point à la Foy. Dieu a dit que l'uſure étoit mauvaiſe, nous le croyons, mais il n'a pas dit que ce fût celle dont il s'agit, & nous en pouvons douter, C'est pourquoy nous avons fait un chapitre exprés où nous avons rapporté les propres textes de l'Ecriture & qui font voir que la seule usure qu'elle a défenduë, est celle qu'on exige des pauvres ou dans l'excés.

Pour les autres autorités des Peres, des Conciles & des Constitutions Imperiales, qui pourroient avoir dit que l'usure dont il s'agit étoit mauvaise en soy, ou que l'Ecriture l'avoit ainsi entendu en défendant l'usure en general; il s'en faut bien qu'elles n'ayent la même force, & voilà celles dont il s'agit icy.

Trois manieres de parler contre l'usure.

73. Pour les bien expliquer nous en distinguerons trois especes. 1°. Il y en a qui portent non seulement qu'il n'est pas permis de prendre des usures, mais encore que c'est pour soulager les pauvres *ut tecum vivere possit.* On en a produit cent de cette sorte, dont nous avons rapporté les propres termes dans les chap. précedents. Mais bien-loin qu'elles fassent rien contre-nous, nous les mettons en preuve en nostre faveur. Car remarqués que nous sommes sur la negative, & que c'est à nos adversaires à prouver que Dieu a défendu absolument de recevoir ce profit même des plus riches, &

que sans cela il doit demeurer pour constant qu'il ne la point défendu. Que si au lieu de le prouver on nous cite des passages qui portent expressement que la charité & l'interest des pauvres a causé le blâme de ce profit, n'avons-nous pas droit d'en conclure qu'ils sont pour nous?

Nous avons des autorités d'une seconde espece, qui prononcent mille maledictions contre les usuriers en general, & qui loüent ceux qui n'ont point donné leur argent à interest, qui deffendent de recevoir plus qu'on n'a prêté, enfin qui condamnent absolument les usures, sans s'expliquer néanmoins si c'est par un principe de charité qu'on le fait, ou par des considerations politiques, ou parce qu'on croit qu'elles sont deffenduës par une autorité divine. Or celles-là ne font encore rien à nôtre question, parce qu'on peut les entendre de celles que nous reconnoissons vitieuses & contraires au droit naturel & divin. Et nous avons d'autant plus de lieu d'en juger ainsi, qu'il y a mille endroits dans l'Ecriture, & les Peres, qui joignent ces condamnations d'usure avec le violement de la charité, & qu'on peut prendre ceux-cy dans le même sens. En un mot aucun coup ne peut frapper nôtre question, s'il ne porte expressément sur le contrat d'un loüage d'argent fait avec d'autres qu'avec les pauvres.

Il y a des autorités d'une troisiéme espece, & qui paroissent blâmer absolument l'usure en elle-même, comme étant opposée au commandement de Dieu, & quoyque la charité ne soit point violée. Telles sont les Conciles de Milan & de Bourdeaux, la Bulle d'Alexandre VII. & particulierement les Docteurs qui ont été consultés depuis ces derniers siécles; & c'est à celles-là qu'il s'agît de repondre.

Trois choses à supposer pour expliquer toutes les autorités.

74. Avant toute chose nous établirons trois principes. 1. Qu'il ne s'agît icy d'aucune matiere de foy, mais d'un simple point de morale, qui ne tient à la religion que par les liens de la charité & du bien public. C'est pourquoy on n'a jamais condamné l'usure que comme scandaleuse, c'est à dire comme propre à entretenir nôtre mauvais cœur. Lisez toutes les censures des Papes, des Conciles, des Universitez, vous n'y trouverez rien de plus. Le Concile de Vienne a bien dit qu'il falloit punir de la même peine qu'on punit les Heretiques, ceux qui disent que l'usure n'est pas un peché.

Mais ce n'est pas les declarer heretiques, & on peut. l'expliquer de ceux qui pechent contre la charité ou les loix civiles. Aussi nous ne trouvons dans aucun Concile ny aucun Canoniste que ce soit icy une matiere de foy. Or dés que ce n'en est point une, il faut dire que c'est un exercice de nostre raison. Car on a droit de raisonner, d'excepter & d'expliquer les points de Morale, quoy qu'il faille demeurer dans la simple speculation à l'égard des matieres speculatives & de simple foy. La raison est que les premieres allant à l'action & étant pour la conduite de nos mœurs, dont la Justice dépend de mille circonstances, il est absolument necessaire d'entrer dans leur examen. Ainsi nous devons raisonner sur la sanctification des Festes, la défense de tuer personne, de prendre le bien d'autruy &c, quoyque cela soit du droit Divin.

Et il faut que nos parties mêmes conviennent de cette regle, puisquelles avouënt qu'il y a cent especes d'usure qu'il est permis de recevoir, ce qui ne seroit pas si l'on prenoit à la lettre ces condamnations absoluës d'usure en general. Dieu nous a veritablement dit qu'elle étoit mauvaise, mais il a abandonné à nostre raison le soin d'en examiner les differentes eſpeces & les differens contrats qui peuvent la produire. De ſorte que je puis écouter ma raiſon quand elle me dit que celle qui vient d'un loüage d'argent n'eſt pas plus criminelle que celle qui vient du loüage d'un cheval: Vous avez auſſi un ſemblable droit de ſuivre voſtre raiſon quand vous croyez qu'un cheval vous rend un ſervice par ſa ſubſtance, & que vous en tirez une conſequence contraire à la mienne. Vous me plaignez de me voir dans mon aveuglement, & moy je vous plains de vous voir dans celuy, où je ſuis perſuadé que vous étes, mais nous devons conclure de concert qu'il eſt libre à chacun de nous de ſuivre noſtre ſentiment.

Quant à la tradition, je ne ſuis pas ſi peu inſtruit dans la ſcience du ſalut que je ne ſçache qu'il faut la ſuivre, non ſeulement dans les Miſteres de la Foy, mais encore dans la Morale Chrétienne. Nous avons trop de reſpect pour la décision des Conciles, quand ils ont dit, comme Gregoire VII. *que c'eſt renverſer la Foy qui a été établie par les Saints Peres, que de mepriſer les Conſtitutions authentiques qu'ils ont faites pour la confirmer.* Nous ne pretendons point quitter les maximes qu'ils nous ont enſeignées, pour nous laiſſer aller à des Doctrines étrangeres. En un mot

Nous ne traitons point icy un point de droit, pour sçavoir si l'on peut s'écarter des voyes que les Peres nous ont tracées pour aller au Ciel, & si la tradition Divine doit estre la regle de nos mœurs comme de nôtre creance. Nous ne reconnoissons ny la Foy des temps, ny la Foy des mœurs, Nôtre question est sur le fait, si nous avons par tradition que Dieu ait défendu de tirer aucun profit de la communication que nous pouvons faire de nôtre argent à ceux qui ne sont pas dans le besoin. Mais nous trouvons d'abord qu'il faut trois circonstances pour la former, & dont aucune ne se rencontre icy.

Il faut qu'elle ait été uniforme dans tous les temps, dans tout le monde Chrétien, & parmy tous les fidéles, *Semper ubique, universaliter*. Or nous verrons dans la troisiéme partie de ce traité qu'encore que le loüage d'argent ait été reçû universellement dans les siecles passés, ç'a été de tant de manieres differentes & il est encore aujourd'huy pratiqué si differemment, qu'il est impossible d'y trouver ce point d'infallibilité que la foy de la tradition doit operer. Par ex. la mode du temps passé étoit de croire qu'il ne pouvoit y avoir de justes interests, que ceux qui s'acqueroient par stipulation, celle d'apresent, est que c'est un crime horrible de les.

ſtipuler, fors en certain cas. Voila donc noſtre premiere propoſition que toutes ces queſtions d'uſure ne font point des matieres de foy.

Noſtre ſeconde eſt qu'il eſt impoſſible que dans une affaire comme celle-cy où tant de gens prennent intereſt, & ſurquoy on a tant écrit, il n'y ait pas diverſité d'avis. Y a-t il un ſeul point de Morale où il n'y ait de la conteſtation? Il faut voir dans St. Auguſtin combien il y a eu de diſputes pour ſçavoir ſi le menſonge étoit toûjours un peché. D'ailleurs peut on parler ſi clairement de quelque choſe qu'on n'y trouve des équivoques & pluſieurs ſens, ſur tout quand on fait de longs diſcours, ou à diverſes repriſes, comme il eſt arrivé au ſujet de l'uſure? Ce ſeroit un miracle ſi cela n'étoit pas.

Enfin nous ſuppoſons que les meilleures regles qu'on puiſſe propoſer icy ſont celles d'Origenes. La premiere d'aſſembler tout ce qu'on a écrit, pour expliquer ce qui eſt obſcur & incertain, par ce qui eſt clair & certain, & d'où nous tirons un grand avantage, puiſque nous avons tant de textes où l'on n'a parlé de l'uſure, que par rapport à la charité. La ſeconde de concilier le tout par la raiſon & le bon ſens. Ainſi le party qui aura été pris sur le droit naturel, sera d'une grande decision icy. Je vous prie de bien observer cette maxime.

Réponses aux autorités qui nous sont contraires.

75. Aprés cela venons à nostre question. Vous nous demandés pourquoy nous ne nous rendons pas aux autorités que vous alleguez contre-nous, trouvez bon qu'on tarde à vous satisfaire jusqu'à ce que vous n'ayez dit pourquoy vous ne vous rendez pas aux autorités que nous alleguons contre-vous. Par exemple si vous entendez avec Urbain III. & les Conciles de Milan le *mutuum date*, comme si J. C. avoit défendu d'exiger des interests de toutes sortes de prests, nous avons droit de vous opposer St. Thomas, qui l'a entendu du seul prest gratuit, ou S. Ambroise qui l'a expliqué pour ne point redemander la chose qui a été prestée, ou S. Gregoire de Nice pour ne point esperer de semblables prests dans ses besoins, ou S. Hilaire qui a crû que ce precepte ne regardoit que les pauvres, ou le sentiment de tant de Docteurs qui croyent que ce n'est qu'un conseil.

Si vous voulez que Charlemagne, St. Loüis & Philippes le Bel, ayent blâmé l'usure comme une injustice, nous leur opposons tous ces grands Jurisconsultes Romains qui ont composé les Digestes & le Code, & les Empereurs Constantin & Justinien qui l'ont regardée comme un contrat trés-legitime. Pourquoy voulez-vous suivre la pensée de S. Antonin, qui a dit qu'elle étoit un peché, plûtost que celle de S. Thomas qui a decidé & prouvé qu'elle étoit une vertu quand elle étoit *secundum legem divinæ aut fraternæ charitatis. Aut secundum legem æquitatis & justitiæ.* Pouvez-vous nous obliger d'écouter le Concile de Bordeaux qui ne veut pas qu'on puisse prester à interest l'argent des mineurs *à cause que le prest doit estre gratuit* au préjudice de celuy de Latran qui le permet en faveur des Monts de pieté, *à cause qu'il faut préferer le soulagement des pauvres à la crainte du mal que font les usures.*

Nous vous laissons la liberté de prendre le party que vous voudrez, pourquoy nous refuser le même avantage? Ne pourroit-on pas croire qu'il y auroit de l'orgueil & de la presomption en cela, & qu'on voudroit faire valoir sa propre autorité plûtost que celle d'autruy? Car encore une fois quel droit a-t-on de faire ceder l'Ordonnance de Justinien, à celle de Charlemagne, & les raiſons de S. Thomas, à celle d'Urbain III. & de preferer la penſée de quelques Docteurs conſultans à celle des Parlemens, & à l'uſage conſtant de tous les fideles depuis la naiſſance de l'Egliſe juſqu'au jourd'huy, qui reçoivent le commerce des uſures dans une infinité de rencontres, comme on va voir. Enfin pourquoy dans un point de Morale ſur lequel il eſt permis à un chacun de ſuivre ſa raiſon, veut-on nous forcer à renoncer à nos propres lumieres?

76. Mais enfin puiſque ce coup porte également ſur nos parties & ſur nous, il nous faut chercher à frais communs à nous en deffendre, & à nous conſerver la liberté de demeurer dans nos ſentimens. Car que pourions nous faire pour nous reünir, où pour nous fixer ſur une authorité plûtoſt que ſur une autre, puiſque ſi nous preferons l'opinion des uns à cauſe que nous la trouvons plus probable, ce ne ſeroit plus à l'autorité que nous aurons deferé. Comparerons nous le merite des Conciles & des Peres qui ont cru que le *mutuum date* devoit s'entendre d'une façon, avec le merite de ceux qui l'ont entendu d'une autre? Mettons-nous en balance l'autorité d'Alexandre VII. quand il a deffendu de

rien exiger au de-la du ſort principal, avec celle de Leon X. qui le permet en faveur des pauvres, & qui convie tous les Princes de le permettre de même? Voudriez-vous en juger par le nombre des Partiſans de ces opinions? Je ne m'etonne pas qu'il y ait ſi peu de gens qui ayent permis expreſſement l'uſage des intereſts, parce qu'on ne s'aviſe guére de donner des permiſſions expreſſes de diſpoſer d'une choſe en particulier de l'argent, des Arbres, ou d'un Jardin, puiſque la nature les a données à tous les hommes pour tous les biens de la terre en general. Mais il en faut d'expreſſes pour deffendre d'en diſpoſer par la vendition ou le loüage, & pour en regler le prix & les conditions. Et bien-loin de conclure de ces deffenſes particulieres & dans certains cas, que cela ſoit défendu dans d'autres rencontres, nous concluons que c'eſt dire plus que tacitement, que cela eſt permis.

77. Mais enfin ſi ce n'eſt pas par la force & le nombre des autorités qu'il faut juger de nôtre queſtion, ce doit être uniquement par la raiſon. Il y a en effet des connoiſſances qui ſont duës à l'autorité comme les Miſteres de la Foy, & d'autres qui ſont duës à la raiſon. Nous croyons les unes, dit Saint

Auguſtin, & nous ſçavons les autres. *Quod ſcimus rationi debemus, Quod credimus autoritati.* Les Juriſdictions de ces deux puiſſances n'ont rien de commun, & comme il ſeroit ridicule de ſoûmettre à la raiſon ce qui dépend de l'autorité, puiſque ce ne ſeroit plus à l'autorité qu'on croiroit, il le ſeroit auſſi de ſoûmettre à l'autorité ce qui eſt du reſſort de la raiſon, parce que ce ne ſeroit plus la raiſon qui nous perſuaderoit. Rien n'a plus gâté la Philoſophie & la Theologie que le renverſement de cet ordre, lorſqu'on a voulu croire ce qu'il falloit ſçavoir, & ſçavoir ce qu'il falloit ſe contenter de croire. On a employé l'autorité, l'antiquité & l'univerſalité des opinions dans les ſciences humaines, où il ne falloit conſulter que la raiſon, & on a voulu aſſujetir aux foibles lumieres de noſtre raiſon les Miſteres de la Foy, qui ne ſeroient plus Miſteres ſi on pouvoit les comprendre.

Or dés qu'on propoſe une choſe dont on a la liberté de juger par la raiſon, on ne doit & on ne peut eſtre contraint dans ſes ſentimens. De ſorte que c'eſt mal raiſonner que de nous demander ſi nous penſons avoir plus de lumiere & d'habileté que ces grands hommes qui ont tenu ou qui tiennent une opinion contraire à la nostre. La raison d'un homme purement homme n'a point droit sur la mienne, & on ne doit point me forcer à le croire, parce qu'il a vêcu mille ans avant moy, ou parce qu'il a bien raisonné sur d'autre chose, ou parce qu'il a mené une vie fort Religieuse. On peut avoir ces defferences dans les sciences speculatives. Je puis dire par complaisance que la neige est blanche, le feu est chaud, & que mes oreilles entendent, & que Descartes a tort de dire que c'est mon ame qui a ces sentimens par ses organes. Mais je ne dois point avoir cette complaisance dans la Morale & dans ce que Dieu a laissé sous la conduite de ma raison & de ma conscience, dont je luy dois un compte particulier, parce qu'il m'a donné la verité pour regle, & non l'opinion d'autruy.

Vous pouvez croire que je me trompe & m'accuser même de temerité, de présomption & d'orguëil. Je me livre volontiers à ces reproches, & je n'ay garde de vous en faire de semblables de mon côté, parce que je connois la foiblesse de mes lumieres, & la force des préventions qui sont en moy, & que je ne sçai point ce qui se passe en vous. Vous pouvez encore me défendre de parler & d'agir comme je pense, & m'empêcher de stipuler

puler des usures, ou me prescrire les regles de cette stipulation. Je suis obligé de vous obeïr en conscience quand vous avez l'autorité sur moy, c'est pourquoy nous soûmettons aux puissances nostre bouche & nos mains. Mais nul homme ne peut me faire croire les choses autrement qu'elles ne me paroissent. Il faut une autorité Divine qui captive mon esprit, & qui plie mes lumieres sous les siennes. Les hommes peuvent estre maîtres des actions exterieures d'autruy, mais ils ne le sont jamais de son esprit & de sa volonté.

Il est vray que l'Eglise & les Conciles qui sont les interpretes des Ecritures, peuvent m'obliger de croire par l'autorité Divine qui leur a été confiée, que certains Dogmes y sont contenus, lors qu'ils ont une aliance inseparable de ceux qui y sont exprimés & qu'ils en sont des consequences necessaires. Et voilà ce qui s'appelle heresie, quand on ne veut pas s'y soumettre. Mais quand elle me laisse la liberté d'en juger selon mes lumieres, j'ay droit de prendre le parti qui me paroit le meilleur. C'est la conduite qu'on a tenu dans la question de la Conception Immaculée de la Mere de Dieu. L'Eglise a trouvé de l'apparence à croire l'affirmative & en a fait même un prejugé, mais comme elle n'en a pas trouvé un fondement certain & incontestable dans les Ecritures, elle n'en a pas fait un article de foy, ny declaré heretique, l'opinion contraire. De même les Conciles de Milan & de Bordeaux, Alexandre VII. l'assemblée du Clergé de 1700 & nos Docteurs consultans ont marqués qu'ils croient que l'usage des interests est un peché, mais ils n'en ont point fait un article de foy, ny une matiere d'heresie. Ils n'avoient pas même droit d'en faire un, parce qu'ils n'étoient pas des assemblées generales des fideles, mais quand ils auroient eu ce droit, ils n'auroient eu garde de s'en servir, parce qu'il y avoit mille autres décisions solemnelles contraires & qui avoient jugé qu'ils étoient permis dans une infinité d'occasions.

Cela étant nous pouvons dire que dés qu'on reconnoist que nos questions sur l'usure ne sont point des misteres de foy, tout doit ceder à la raison, quand elle est claire & manifeste, & qu'on n'a pas droit d'y opposer les opinions contraires, quelque antiquité qu'elles ayent, & quelque prevention qu'on ait pour ceux qui les soutiennent. Ce sont des considerations qui doivent reveiller nôtre attention, & nous donner de la défiance de nous mêmes, mais qui n'enlevent point nôtre esprit, parce qu'elles ne luy fournissent aucune lumiere. C'est un bien quand nôtre opinion est soutenuë du sentiment d'autruy, mais ce n'est pas un grand mal, quand elle est destituée de cét apuy. Ainsi quoy les plus grands & les plus Saints personnages du monde, m'assurent que l'argent ne produit aucune utilité, ou qu'on ne le possede plus quand on l'a presté, on n'a point droit de me reprocher la nouveauté ny la singularité de mon opinion, quand j'ay compris que l'argent a une vraye utilité par le moyen du commerce, & que j'en ay toujours la possession civile tant que j'ay la liberté d'en demander la valeur, parce que Dieu veut que je fasse usage de mon esprit sur des choses qui sont proportionnées à sa capacité. Or si cela est ainsi quand je suis seul de mon opinion, à plus forte raison quand je suis soutenu par toutes les autorités qu'on a dites.

78. Cependant nous sommes bien aises qu'on sçache que nous avons beaucoup de respect pour les sentimens des Saints, quand même il ne s'agit point de matiere de Religion. Nous avons peine à croire que l'erreur se soit fait une entrée dans l'esprit de ceux en qui habite l'es-

prit Saint, & que la pureté de la Doctrine ne se trouve pas jointe à celle des mœurs. Mais ce sont des raisons de bienséance que nous ne mettons pas en la place de la verité. Ils étoient de grands hommes, mais ils étoient des hommes. Nous honorons leurs pensées & leur raisonnement, mais nous n'en faisons pas une Idole que nous veillons adorer. L'Histoire de St. Pierre est un exemple qu'il n'y a point de condition au monde qui nous exempte d'erreur, & c'est ce qu'il faut reconnoistre dés qu'on avouë que les Saints ont eu des avis differens.

Croyez-vous par exemple que ce soit une grande faute que de n'avoir pas la complaisance de dire avec Innocent III. que c'est voler Dieu & le dépoüiller de ses droits que de prendre quelque interest pour prester à terme, parce que c'est vendre un temps qui n'appartient qu'à luy, ou avec St. Chrisostome que c'est pecher contre la nature, parce que l'argent ne produit point d'argent, ou contre la justice, parce que c'est profiter de l'industrie d'autruy? Seroit-ce un grand mal de ne pas croire ce que nos Docteurs & des Conciles disent, que le prest à interest est un peché, parce qu'il n'est pas gratuit, comme si un contrat non gratuit ne pouvoit estre qu'un peché.

Voilà pourquoy on n'a pas jugé à-propos de discuter chaque passage, parce que ce ne sont que des peines & des afflictions d'esprit, pour sçavoir si les Auteurs ont veritablement pensé ce qu'on leur fait dire, ou s'ils ont bien pensé.

Voulez-vous bien ne nous point trop presser sur les consequences de ces maximes, & vous contenter de cette réponse que nous trouvons dans les capitulaires de Charlemagne, *profondiores quæstiones nec asserendæ, nec penitus contemnendæ.*

PARTIE III.

De la pratique generale des fidéles au sujet des usures.

CHAPITRE XVI.

Estat de la question.

79. PErsonne n'ignore que l'usure n'accable toûjours les pauvres, & qu'elle ne fasse souvent du mal aux riches, & que par consequent ce n'est pas sans sujet qu'on a toûjours fait des imprecations contre-elle. Car si l'avarice en general est ennemie du genre humain, en ce qu'elle reserve pour des

particuliers les biens de la terre, que Dieu avoit donnés à tous les hommes pour les nourrir, comment doit-on regarder les usures qui ne resserrent pas seulement nos cœurs pour ne rien donner aux pauvres, mais qui arrachent de leurs mains ce qu'ils possedoient, qui les obligent de rendre plus qu'ils n'avoient reçû, & de payer ce qu'on devoit leur donner par une pure liberalité? Mais ce n'est pas dequoy il s'agit icy, & nous n'avons que des plaintes à offrir à ceux qui ont travaillé à le prouver, & à recüeillir les Histoires, les raisons & les lieux communs, qui font voir que ce commerce se peut faire avec bien de l'abus. Nôtre question est si l'on est obligé à peine d'enfer, de faire ces liberalités aux plus riches comme aux plus pauvres. Les plus sinceres conviennent que la raison ne va point-là, & que les Loix du commerce y resistent, il nous reste à sçavoir ce que Dieu nous en a revelé & ce que le commun des fidéles en a pensé.

Or nous avons une preuve sensible de la negative, s'il est vray qu'on ait introduit ou soûfert l'usure dans tous les tribunaux du monde & sans contradiction. Car on est persuadé que les paroles & les écrits sont des langages de l'esprit qui parle pour & contre selon les dispositions où il est, mais que les actions sont le langage de l'Ame qui declare ce qu'elle sent veritablement en elle même. Or nous ne voulons point parler de ces pratiques que la corruption des mœurs & la cupidité ont établies, & qui n'oseroient paroître à la face de la Justice, mais nous parlons de celles qui sont autorisées par les constitutions des Conciles & des Souverains, & pour cela nous supposons qu'il n'y a ny raison, ny équité, ny privilege, ny Sainteté d'intention qui puisse dispenser de la Loy Divine, parce qu'on ne peut faire que ce qui est un peché n'en soit pas un. De sorte que s'il est permis de prêter à interest dans une seule occasion, il faut juger que ce n'est pas un mal en soy, si on le permet en plusieurs occasions; c'est un commerce comme les autres qui sont bons ou mauvais selon les circonstances, & si on établit des Bureaux pour prester ainsi, & si les Juges y condamnent les debiteurs pour quelque pretexte que ce soit, pour cause de retardement de payement, de punition, de dedomagement, de restitution, d'excuse, pour ne pas perdre, ou pour ne pas gagner, &c, il faut conclure qu'il n'y a que les causes pour lesquelles on le fait qui condamnent ou qui justifient. Examinons donc qu'elle a été la pratique generale des fideles sur ce sujèt.

CHAPITRE XVII.

Quel a été l'usage des fidèles sur le sujet de l'usure depuis la naissance de l'Eglise jusqu'à Charlemagne.

80. NOUS ferons 3. époques pour expliquer cet usage. La 1. Sera depuis la naissance de l'Eglise jusqu'à Charlemagne, c'est à dire des huit premiers Siecles. Or la pratique de ces temps là ne peut être douteuse puisqu'elle est attestée par des milions de Loix qui sont dans nos livres, & par les Ordonnances de Constantin, Theodose, Valentinien, Honorius, Arcadius, Justinien, &c, & qui font voir deplus qu'elle n'a été contredite par personne. Car il paroit bien que les Peres se sont plaints de l'avarice des usuriers, de leur dureté pour les pauvres & de leur negligence pour les affaires du salut, comme de celle des Marchands, mais ils n'ont jamais rien dit contre la decision de ces grands Jurisconsultes qui ont reglé les commerces d'argent, comme ceux de toutes les autres marchandises. Il n'y

n'y a rien en cela qui se contrarie. Ils ont tous fait leur devoir, les uns en tâchant de conserver la pieté & la charité dans nos cœurs, & les autres en reglant les commerces de la vie civile & le prix des usures. Mais enfin si elles étoient justes en ces temps-là, comment sont elles devenuës injustes en celuy-cy? La verité change t elle de mode, comme les habits?

81. Nous avons eû six Conciles dans cét espace de temps qui ont parlé des usures, Sçavoir celuy des Apôtres, de Laodicée, de Nice, de Cartage, d'Arles, & d'Elvire, mais ils les ont condamnées seulement dans les Clercs en qui l'on demandoit une plus grande perfection, & un plus grand éloignement de l'avarice. Celuy d'Elvire est le seul qui ait parlé des Laïques en disant que si les Laïques s'opiniatroient à les exercer, ils devoient être chassés de l'Eglise, mais il faut regarder le temps qu'il fut tenu, & dans quel sens il doit être entendu. Car c'estoit aprés cette celebre Ordonnance du grand Constantin, qui les venoit d'autoriser comme tous les autres contrats, & avant cette autre décision du Concile de Nicée qui ne portoit aucune autre deffense qu'à l'égard des Clercs. Encore

marque-t-elle que c'estoit parce qu'ils étoient plongés dans une avarice si honteuse qu'ils prenoient un interest excessif. Le bon sens permet-il de croire qu'un petit Concile comme celuy d'Elvire eût voulu prononcer une excommunication contre ceux qui mettoient en pratique des choses que les Empereurs permettoient par des loix solemnelles. N'est-il pas à croire qu'il n'a entendu parler que des usures qu'on exerçoit en ces temps-là dans l'excez ou sur les pauvres. Enfin cette Ordonnance a-t-elle été executée dans aucun lieu du monde puisque les Empereurs du même Siecle & des Siecles suivans en ont fait de contraires, en autorisans les usures moderées.

Je ne sçay si je dois vous parler d'une réponse qu'on nous a faite sur cét Art. quand on nous a dit que toutes ces loix & ces Constitutions Imperiales n'ont été faites que par une pure necessité & par une veritable impuissance de s'empêcher de les faire pendant 7. ou 800. ans. Et cela à cause que l'usage des contrats usuraires avoient prevalu & fait perdre aux Empereurs la hardiesse non seulement d'observer la Justice, la verité, & les Commandemens de Dieu, mais même d'en parler, & à tous les Peres de se plaindre de ce qu'on les violoit.

On va plus loin : car on soûtient qu'il n'est pas sans exemple que les plus grands Princes ayent autorisé des desordres semblables, témoins les Ordonnances de Theodose & d'Anastase, qui avoient permis les adultéres, dont Saint Bazile & St. Augustin se sont tant plaints. On maintient donc que c'est l'état où s'est trouvé l'Eglise pendant 800. ans, & que l'Enfer n'a pas seulement fermé la bouche à tant de Jurisconsultes & à tant de Princes pour ne pas dire la verité, mais qu'il la leur a ouverte pour autoriser le mensonge, en permettant en mots exprés aux plus illustres gens de l'univers de prendre des usures moderées contre les loix les plus précises de l'Ecriture, & sans les avertir même que ce pouvoit être un mal. Qu'en pensez-vous ?

CHAPITRE XVIII.

Quel a été l'usage depuis Charlemagne jusqu'au temps de Philippe le Bel.

82. NOS Empereurs n'ont plus parlé si ouvertement depuis qu'ils admirent les Ecclesiastiques dans leurs conseils, & qu'ils assemblerent des especes d'Etats Generaux pour former leurs Or-

donnances. C'est pourquoy on y voit tant de traits de pieté & de religion, qui étoient inspirés par des gens d'Eglise, & qui les inseroient dans toutes les affaires civiles. Par exemple quand Charlemagne fit ses Capitulaires aux Champs de Mars, il deffendit les usures précisément en ce qu'elles blessoient la pieté. C'est pourquoy il en met de 3. especes. Premierement, celles qui avoient été deffenduës par le Canon 44. des Apôtres, c'est à dire à l'égard des Clercs seulement. 2. Celles qui l'avoient été par St Leon, c'est à dire celles qui alloient à l'excez, *fugienda est iniquitas fœnoris*, dit il au Serm. 6. de Joi. *Et lucrum quod omni humanitate caret, vitandum est*. Et celles enfin qui étoient défenduës par la Loy de Dieu, c'est à dire celles qui entretenoint nôtre avarice. *Non prætereumdum est*, dit St. Leon, *quosdam lucri turpis cupiditate captos., usurariam exercere avaritiam & fœnore velle ditescere*. Or nous ne disons pas cecy sans raison, car au l. 4. des Additions de ces Capitulaires, on voit que dans ces temps-là les pauvres étoient si mal traitez par les usuriers, qu'ils alloient chercher leur vie dans les païs étrangers.

83. On pese fort encore sur une autre Ordonnance de l'Empereur Bazile, à cau-

se qu'elle a deffendu de tirer des interests d'aucun prest, ayant voulu qu'il n'y en ait point eu d'autre que le gratuit ; & cependant cet Edit a été fait dans le même sens qu'on a dit. Son Successeur qui le rapporte marque en termes exprés qu'il avoit eu pour cause la pauvreté des peuples & le soulagement de ceux qui étoient dans une extréme indigence, *propter paupertatem, & in eos qui pecuniis indigent*. Ainsi il est apparent que cette Loy fut generale pour condamner toute sorte d'usure, à cause de l'extremité où se trouvoit l'état par là, comme il arriva du temps de Tibere & de Philippes le Hardy, ce qui étoit une Loy politique soûtenuë par les maximes de charité & de religion, qui condamnent cette inhumanité. Qu'est-ce que cela fait à nostre question?

84. Ce qui nous fait encore entrer d'avantage dans ce sentiment est le raisonnement de l'Empereur Leon successeur de Bazile. Car il declare que cet Edit n'avoit été fait que pour conduire les hommes à un état de perfection qui étoit de soulager les miserables, en obligeant les riches à leur faire du bien. Mais comme ce dessein n'avoit point réüssi, il remit les choses dans le premier état, & permit l'usure comme elle avoit été

pratiquée de tous les temps. Et par-là il reconnut deux choses, l'une que les Loix de Dieu veulent qu'on soulage les pauvres par des liberalités gratuites, l'autre que les contrats usuraires moderés avoient toûjours été en usage dans le peuple Chrétien, *sicut veteribus legislatoribus placuit*. C'est ce qui s'accorde avec la remarque du Pere Thomassin, quand il dit que dans l'Orient, l'usure a toûjours été pratiquée entre les Laïques jusqu'au-temps de Balzamon, c'est à dire jusqu'à l'onze ou douziéme siecle. Car cet Auteur reconnoist sur le Can. 14. de S. Bazile que toutes les Loix civiles permettroient *pecuniam mutuo dare ad usuram*. Quoyqu'il en soit, voilà la question jugée en nôtre faveur contradictoirement par l'Empereur Leon.

85. Je ne puis comprendre comment on fait sonner si haut l'Ordonnance de S. Loüis, car si l'on veut oublier l'Histoire de son regne, & comment les Juifs avoient accablé tous les Chrétiens par l'excés de leurs usures, il ne faut que lire cette Ordonnance pour voir que le motif étoit d'empêcher ce desordre, puisqu'elle porte en terme exprés, que c'est *ne judæi per usuras christianos opprimant*. Les Commandemens de Dieu, la Religion, la charité, la raison & la politi-

que ne concourent-elles pas à une semblable Ordonnance, pour remedier à des maux *qui depauperant regnum* comme parle Philippe le Hardy ? Comment dire donc que c'est avoir jugé que l'usure moderée & tirée sur autre que sur les pauvres soit un peché en soy même ?

On ne sçait ce qu'à voulu dire Philippes le Bel, quand il permit par une premiere Ordonnance à tout le monde la stipulation d'interest, avec les moderations ordinaires, & que l'année suivante il défendit d'en prendre quelque petite que ce soit. Car il declare dans cette derniere ne point empêcher qu'on exige des interests legitimes des contrats de prest & des autres permis, *Non intendantes quominus creditor quilibet possit exigere interesse legitimum ex mutuo vel alio contractu licito.* Mais enfin Bochel qui rapporte cette Ordonnance pag. 1275. dit que ce Prince permettoit les usures pendant sa vie à quatre pour cent.

86. Aprés tout, il faut reconnoître que dans ces temps-là il a été tenu plusieurs Conciles ou Assemblées Sinodales qui ont condamné les usures en general, & qu'encore qu'on ait parlé expressément contre les Clercs, comme on voit au Concile 2. de Latran ; il y en a neanmoins dans le neuviéme siécle, qui y ont

compris les Laïques, puisque les Capit. d'Atton ch. 49. vont à les excommunier. Je ne sçay si l'excommunication de ces temps-là faisoit une supposition de peché, ou si toutes ces Ordonnances n'étoient point pour remedier à des maux publics, venant de l'excez des usures, ou si cela n'est point arrivé, parce que les gens d'Eglise dominoient, & vouloient ôter aux Princes la Jurisdiction sur tous les contrats, en supposant que la religion y tenoit toûjours par un bout, ou parce que l'ignorance étoit universelle dans ces temps-là, & que les loix étoient mortes ou muettes, ou parce que le droit Romain avoit disparu, & qu'il ne ressuscita que dans le 13. siecle. Car du Moulin remarque qu'alors un certain Jurisconsulte nommé Hermolaus, fist connoître la meprise d'Alex. III. qui avoit comparé l'usure au mensonge. Mais enfin il est certain que pour s'accommoder au temps, on bannit le mot d'usure dans les siecles suivans, comme une chose trés-odieuse & on luy substitua celuy d'interest, comme on voit dans l'Ordonnance de Philippe le Bel, & depuis on a autorisé les interests en cas de banque, de marchand, de rentes perpetuelles, &c. quand on l'a trouvé à propos, & on n'a point rétably l'usure.

Avec tout cela nous voulons bien donner l'explication & la force qu'on souhaitte à l'autorité de ces Conciles & de ces Peres, mais l'on n'en sçauroit tirer que l'une de ces deux consequences. Ou que ces deffenses de prendre des usures en genéral ont été faites à cause des occasions qu'elles donneient de faire une infinité de maux parmy le peuple, ou que les opinions des Fidelles n'ont pas été uniformes dans tous les temps sur ce sujet.

CHAPITRE XIX.

Quel a été l'usage des Fidelles depuis Philippes le Bel jusqu'à present.

87. ON ne peut mieux exprimer en même temps que l'usure est un peché en soy, & qu'elle n'en est pas un, que ce qu'on a fait dans ces derniers siécles, c'est à dire qu'on ne peut condamner plus ouvertement l'usure speculative, ny en autoriser plus ouvertement la pratique. Car tout est extraordinaire icy. Nous n'aurons pas de peine à prouver la premiere proposition. Dés le temps d'Alexandre III. ont dit deux choses, l'une qu'elle étoit condamnée par les deux Testamens, l'autre que comme il n'est pas permis de faire un mensonge

pour ſauver la vie d'un homme, il ne l'eſt pas auſſi d'exiger aucun intereſt, même pour ſauver la vie d'un Captif. C'eſt dans le même eſprit qu'on dit que le Concile de Vienne veut qu'on puniſſe de la même peine que les heretiques ceux qui diſent que l'uſure n'eſt pas un peché, & que le Concile de Malines en a interdit la pratique, *omnibus ſub pœna peccati mortalis, quia mutuum debet eſſe gratuitum ex præcepto divino.* Peut on rien voir de plus précis que ces conſultations des Docteurs de Paris, ces deciſions des Aſſemblées de Milan, de Malines, & de Melun, & ces anathêmes qu'on a prononcés contre les propoſitions d'Amadæus Guimeneus, & contre celle-cy qu'Alexandre VII. declara ſcandaleuſe en 1666. *Licet mutuanti aliquod extra ſortem exigere, modo ſe obliget ad non repetendam ſortem uſque ad certum tempus.*

88. Il ne reſte plus qu'à faire voir que dans nos uſages, on traite les contrats à intereſt comme ceux qui ſont les plus legitimes, c'eſt à dire par rapport à l'utilité du public, & au bien des particuliers. Nous ne voulons point repeter toutes les eſpeces d'uſures legitimes dont on a fait le chap. 5. de cet Ouvrage, parce qu'il eſt certain qu'en tout temps & en tous lieux elles ont été, & ſont au-

jourd'huy en usage de la maniere qu'on l'a expliqué. Car enfin pourroit-on contester que nous n'en voyons tous les jours exiger, ou par la voye de la Justice, ou en vertu des traités faits avec le Roy, ou quand on en a promis à un gendre, ou quand on retient le bien d'autruy par violence, &c. Et dans la verité si l'on vouloit se servir de sa raison, cela suffiroit pour nous persuader que l'usure n'est pas d'elle-même un mal, & qu'il faut necessairement plier toutes les autorités qu'on vient de rapporter. On peut voir ce qu'on a dit au chap. 15. & qui sert d'explication à cecy. Cependant nous avons reservé à parler icy de 4. especes qui sont les plus éclatantes, parce qu'elles sont autorisées par des Conciles & des Papes, & qu'elles viennent précisément d'une vendition d'un usage d'argent. Ce sont les interests des Monts de pieté, des banquiers & des marchands, des prests sans terme appellez rentes constituées, & les interests pupillaires.

CHAPITRE XX.

Des interests des Monts de pieté.

89. LOrsqu'il fut question d'établir une Banque appellée Mont de pieté pour prester à interest aux pauvres,

Caïetan & Dominique Soto les plus sçavans hommes de l'Univers, soûtenoient que toutes les raisons qu'on allegue pour condamner les usures rendoient celle-cy execrable. Que l'argent presté à un pauvre n'avoit garde de produire aucun fruit different de sa substance, puisqu'il alloit estre consumé pour le nourrir. Que quand il en auroit, ce fruit seroit au pauvre comme proprietaire de l'argent presté, ou comme le faisant valoir par son industrie & à ses perils. Que l'autorité de l'Ecriture & des Peres s'y appliquoit naturellement, puisque c'étoit recevoir plus qu'on n'a donné, accabler les pauvres, esperer un profit d'un prest, & vendre la joüissance d'argent.

Que si c'étoit un crime abominable que d'en prendre pour nourrir les pauvres, ç'en étoit un bien plus grand d'en prendre pour payer les gages de leurs serviteurs. Que si la charité étoit exercée en ce qu'on soûtenoit par-là le Bureau des pauvres, elle étoit violée trés-ouvertement à l'égard de l'emprunteur. Enfin que quoy qu'il fût juste de dedommager le Bureau des dépenses qu'il falloit faire pour le loyer des maisons & les gages des Officiers, & que les pauvres fissent subsister une Banque qui n'étoit établie qu'en leur faveur, il ne l'étoit pas, que cela se fist par des voyes défenduës par le Droit naturel & Divin, parce qu'une usure qui avoit pour cause ou pour employ un dedommagement, ne laissoit pas d'estre une veritable usure, & le prix d'un usage d'argent.

De l'autre côté l'on soûtenoit que ces interests étoient pleins de justice, parce qu'ils n'alloient qu'à l'entretien du Bureau, à reparer les pertes qui arrivoient de ce qu'il failloit garder long-temps l'argent inutile pour le fournir à ceux qui en avoient besoin, & à s'indemniser de plusieurs débiteurs qui devenoient insolvables. Qu'une usure exigée pour ce dedommagement pouvoit s'appeller usure, mais une usure pleine d'equité. Que ce n'étoit point l'effet d'aucune cupidité, puisque le seul motif étoit de faire subsister les pauvres, & que cet interest étoit trés-petit & au dessous de ceux d'ordinaire. Que les presteurs n'en profitoient point, mais les emprunteurs même avec les autres pauvres, puisque la Banque n'étoit établie que pour eux. Tout consideré, l'on jugea que ces interests étoient innocents & loüables, & que tous les Princes seroient conviez de faire de semblables établissemens dans leurs Estats. Leon X, en rend la raison, en disant *qu'il falloit avoir autant d'égard à l'amour de la verité & de la pieté pour soulager les pauvres, qu'au zele de la Justice & à la crainte du mal que font les usures.*

Voudriez-vous bien faire icy deux petites réflexions, l'une sur la raison de ce Pape, qui est que l'amour de la verité & le soulagement des pauvres doit prévaloir au mal que peuvent faire les usures. L'autre sur la consequence de ce jugement. Car si un Administrateur des Monts de pieté peut prester à interest pour que le profit aille à l'entretien du Bureau, pourquoy un Administrateur de l'Hôpital ne le pourroit-il pas faire pour l'entretien d'un Hôpital. Si l'on regarde le precepte de ne point prester à interest comme un precepte absolu, il ne souffre point d'exception, & s'il en souffre il faut en recevoir dans toutes les occasions d'équité, & dans un contrat de loüage.

90. La *L. 46. C. de Ep. & cl.* fournit un autre exemple de ce que nous disons, quand elle veut que l'heritier qui n'a pas eu soin de satisfaire aux laiz faits par un testateur à l'Eglise en paye les interests jusqu'à la restitution. Nous y condamnons tous les jours sur les mêmes principes les Administrateurs des Hôpitaux pour le debet de leur compte, sans demande ny stipulation. Tous nos Evê-

ques y condamnent sans façon les Marguilliers des Fabriques, pour ce qu'ils doivent de la gestion qu'ils ont faite des biens de l'Eglise. Capitolin dit que Antonin le pieux avoit de coûtume de prêter son argent au denier 4. pour cent par an, pour en donner le profit aux pauvres. Or je ne sçay comment on pourroit accommoder cela avec la pureté de l'Eglise, si elle supposoit que l'usure fût un peché comme le mensonge. Peut-on croire qu'elle veüille tirer ses richesses du fond de l'Enfer, & nourrir ses pauvres des fruits d'iniquité.

CHAPITRE XXI.

Des interests des Banquiers & des Marchands.

91. LA preuve la plus sensible que la simple équité determine la justice de l'usure, c'est ce que dit Saint Thomas au ch. 13. *de us.* au sujet des marchands & des banquiers, parce que dans tous les temps, & parmy tous les peuples, on leur permet l'usage des interests plus gros même qu'aux particuliers, étant naturel de vendre plus cher en detail qu'en gros, *secundum legem æquitatis & justitiæ.*

Pour l'expliquer, il faut sçavoir que le benefice qui se prend pour le transport de l'argent d'un lieu en un autre, est un vray trafic, & que le profit qui en vient est dû au peril de ce transport, mais que les interests que les banquiers prennent de l'argent comptant qu'ils fournissent, & qu'on doit rembourser à terme, sont une veritable usure. Or quelques-uns, comme Saint Antonin & le premier Concile de Milan la condamnent, *ne fiant cambia cum litteræ vere non mittuntur.* Mais la plus part soûtiennent que c'est une usure compensatoire & juste, non seulement parce qu'on ne peut faire ce trafic sans donner & sans recevoir des interests, puisqu'il faut que chacun vive de son metier, mais parce qu'on a souvent son argent inutile dans des Caisses, & qu'il est juste qu'on en soit indemnisé. En ce cas, dit-on, *non est vendere usum pecuniæ, sed damnum vitare.* Je ne sçay si on ne pourroit pas dire la même chose de toutes sortes de prests à interest, puisqu'il y a des dommages dans toutes ces circonstances, ou en ce que l'on se prive de l'usage de son argent, ou par l'inutilité precedente, ou par l'insolvabilité des debiteurs. Mais enfin c'est l'usure la plus formelle qui soit au monde.

92. Cependant, par l'établissement des Banques

Banques de Boulogne, de Lyon & d'Anvers, on à une liberté entiere de tirer des interests de l'argent comptant qu'on fournit, à propotrion du temps que le rembourſement doit eſtre fait par le payement des lettres de change. Il faut voir les privileges que Pie V. accorda à la Banque de Boulogne. Rien n'y eſt plus précis que l'Arreſt du Conſeil de l'an 1595. qui permet en termes exprés *aux Marchands trafiquans en change, Banque & vente en gros de marchandiſe étrangere, de prendre & bailler en dépoſt pour tel temps qu'ils aviſeront, ſuivant la coûtume qui s'exerce à Lyon, à Veniſe & Anvers, & autres Villes où les changes ont cours, à la charge que l'intereſt & le profit ne pourra exceder le prix porté par l'Ordonnance.* L'Ordonnance de 1601. deffend toute promeſſe d'intereſt, *ſinon entre Marchands frequentes Foires & pour cauſe de marchandiſes.* Maréchal dans ſon traité du change en rapporte un Arreſt ſolemnel du 26. Mars 1624. Le Clergé, le Roy, les Etats de Languedoc & de Bretagne ne ceſſent point d'emprunter de cette façon. Saint Thomas même chap. 18. *de uſ.* approuve expreſſément cette eſpece d'intereſt, *ut ſubveniatur ſalariis penſionum, domorum miniſtrorum & laboribus & expenſis in arte neceſſaria & licita, ne fruſtra po-*

nant operam & sudorem suum, in re licita ad utilitatem aliorum. Mais rien ne vaut l'Edit de Charles V. de l'an 1541. où il blâme *ceux qui font marchandise d'argent, & le donnent à gain & sort excessif, sans faire distinction entre l'interest qui est permis aux bons Marchands selon le gain qu'ils peuvent faire raisonnablement, & l'usure deffenduë à tous Chrétiens.* Et la permet enfin au denier 12. Voyez où l'on fait consister le crime de l'usure, c'est à dire dans le seul excés.

CHAPITRE XXII.

De semprunts sans terme, appellés rentes constituées.

93. ON veut faire une nouvelle espece de contrat, quand on vend un usage d'argent pour en joüir, tant que l'acquereur voudra, pourvû qu'il en paye le prix tous les ans, & on dit que ce cas-là n'est pas une usure, ny un prix d'un usage d'argent. On avoüe bien que c'en seroit un si cette vente se faisoit pour durer 30. ou 40. ans, mais on pretend une chose que l'esprit à peine à comprendre, que des que le debiteur à la liberté de ne restituer que quand il veut, le prix qu'il paye tous les ans,

n'est pas un prix de cet usage. La raison qu'on en rapporte est assez metaphisique, c'est parce, dit on, que quand le principal n'est pas exigible, il n'y a point de sort principal qui puisse produire aucun accessoire. On dit donc que Dieu deffend bien de prester son argent à interest, mais qu'il permet de le vendre & d'en acheter des interests perpetuels, qui ne sont pas de veritables usures.

La question s'en étant meuë du temps de Martin V. Henry de Gand celebre Jurisconsulte du 14. siecle soûtenoit que l'usure étoit toûjours usure, soit que l'argent fût restituable à la volonté du presteur ou de l'emprunteur, & que la seule difference étoit, que cette derniere étoit plus commode aux debiteurs, mais que la nature de l'usure étoit la même, parce que son vice interieur subsistoit toûjours. Que ce vice étoit en ce que la nature avoit rendu l'argent sterile, ou que l'emprunteur en avoit acquis la proprieté, ou qu'il le faisoit valoir par ses soins & à ses risques, ou que c'étoit recevoir plus qu'on n'a donné, moissonner sans semer, exercer son avarice, s'enrichir aux dépens de ceux qui sont dans le besoin, esperer plus que le sort principal quand il sera remboursé, & que tout cela arrivoit également quand le rembourſement ſe fait à la volonté du debiteur ou du créancier. Que cette eſpece d'uſure avoit pris ſa ſource de la Conſtitution 160. de Juſtinien, qui permet aux Gouverneurs de quelques Villes de colloquer l'argent public, de peur qu'il ſoit infructueux, à la charge que les preneurs ne le rembourſeroient qu'à leur volonté, mais qu'on l'avoit depuis rejettée comme une vraye uſure palliée. Enfin que ſi la renonciation à pouvoir exiger le principal, rendoit l'uſure innocente, elle le ſeroit pendant tout le delay d'une obligation à terme. Nonobſtant ces raiſons il fut jugé que ces intereſts étoient legitimes.

94. Pour répondre ſolidement à la raiſon qu'on oppoſe, il faut dire que dans une conſtitution de rente il n'y a à proprement parler ny alienation de la proprieté de l'argent ny de ſa joüiſſance. Car d'un côté le conſtituant conſerve plus d'un demy droit ſur ſon argent, tant parce que la rente deviendra un vray argent par le rembourſement qui s'en fera toſt ou tard, & qu'une rente conſtituée paſſe & ſe prend pour argent comptant, que parce que le conſtituant a un droit de ravoir ſon argent, ſi le preneur manque de payer les arrerages. Si ce n'eſt point une alienation abſoluë de la

proprieté, ce n'en est point encore une de l'usage, parce qu'il n'y a point d'alienation quand une des parties à la liberté de se departir de son contrat, comme icy où le debiteur l'aneantit quand il veut par la restitution du principal. Si vous me demandez ce que c'est donc, je vous diray que c'est un pur engagement d'argent fait avec la liberté de le rendre quand le preneur voudra, au lieu que les autres prests sont des engagemens pour le rendre dans un certain temps.

Il y a plus. Qu'il y ait une alienation ou non, cela est trés indifferent à la production de l'usure, puisque l'usure naît également d'un argent aliené pour toûjours ou pour un temps. Premierement c'est une erreur de dire qu'il n'y a point de dette ny de sort principal, quand ce sort n'est pas exigible, *debetur*, dit la Loy, *sed non potest peti*. Une obligation dont le terme n'est pas échû ne fait-elle pas un sort principal produisant interest; & n'est-elle pas une vraye dette quoy qu'elle ne soit pas exigible? En second lieu le vice de l'usure ne consiste point en ce qu'on est obligé de restituer le principal, mais en ce qu'on prétend que l'argent ne doit produire aucun fruit. Or en peut-il produire d'avantage quand il y a obligation de le rendre? Qu'est-ce que l'usure, si non le payement d'un usage d'argent? Or pour qu'on en fasse usage est il necessaire que le fond soit exigible, & en tire-t-on pas plus de service quand on n'est point obligé de le restituer? Or si l'on s'en sert, pourquoy le payement de ce service ne seroit-il pas dû?

Tout le mal vient encore de l'équivoque du mot *de prest* à cause que tout prest emportant une obligation de restituer, ce n'est point un prest ny un contrat sujet à usure, dit-on, quand il ne porte point cette obligation. Mais il est faux que le contrat de prest produise l'usure, puisqu'il est essentiellement gratuit, & que l'usure est un contrat par lequel on met la joüissance d'argent en commerce aux conditions qu'on veut. En un mot une constitution de rente est un transport d'un usage d'argent pour un certain prix payable tous les ans jusqu'à la restitution *qui se fera quand le preneur voudra*, & le prest à interest est un transport du même usage pour en payer le prix jusqu'à la restitution qui se fera *au temps dont on est convenu*. Qu'elle difference quant à l'usure?

CHAPITRE XXIII.

Des interests pupillaires.

95. A l'égard des deniers pupillaires, il n'est pas difficile aprés ce qu'on a dit de juger s'il est permis de les prester à interest. Car dés qu'on aura fait sortir la difficulté de l'autorité de l'Ecriture, & qu'on l'aura fait entrer dans celle des Loix civiles & de la raison, il est certain qu'on jugera en faveur des mineurs, tout ce qu'on a dit pour les plus privilegiez. Mais supposé que vous vous determiniez pour la negative sur la question generale, celle-cy à des raisons particulieres, & j'ose dire qu'il y a beaucoup de meprise dans la confusion qu'y ont fait nos Docteurs consultans. Car 1. le Tuteur peut & doit faire valoir ces sortes de deniers dans les especes qu'il sera obligé de les rendre, parce qu'autrement ce seroit une perte, dont les mineurs même seroient obligés de l'indemniser, puisque c'est une suite necessaire de leur tutelle. Ainsi ils luy rendroient d'une main ce qu'ils prendroient de l'autre.

Or dans le fait les Tuteurs en Bretagne sont obligez de rendre en deniers ce qu'ils ont reçû en deniers. Justinien avoit ordonné que les meubles non perissables seroient gardés pour estre rendus en espece. & que l'argent pourroit estre employé en acquisition d'heritage, ou en obligation usuraire, dont le Tuteur seroit garent. Le grand Coûtumier de France l. 4. ch. 6. dit que dans le 14. siecle un certain tuteur ayant demandé aux Seigneurs du Parlement ce qu'il devoit faire de l'argent de son mineur, ils luy répondirent qu'il devoit le mettre chez un Banquier, pour pouvoir le rendre avec interêt. Duluc dit que la question ayant été discutée en 1557. Monsieur Brulart Avocat General au Parlement de Paris, fist voir que le Tuteur ne faisoit rien contre les Commandemens de Dieu en prestant à interest l'argent de son mineur pour le luy rendre aprés sa majorité, & que la chose ne recevoit plus de difficulté aprés tous les Arrests qu'il rapporta. Chopin *sur Paris tit.* 1. *n.* 6. & Brodeau *sur Loüet let.* 1. *n.* 8. & sur la Coûtume de Paris *art.* 94. *n.* 3. sont de même avis. Il faut même demeurer d'accord qu'il est du droit commun qu'on paye ses dettes en argent, du moins quand un Tuteur a disposé de ces deniers comme de ceux qu'il auroit empruntés.

96. Cependant l'Ordonnance d'Orleans

leans a permis aux Tuteurs de les placer en acquisition de rente ou d'heritage, sans néanmoins leur ôter la liberté de les colloquer à interest, ainsi il y a de l'erreur à croire que c'est agir contre l'Ordonnance que de les y colloquer. Mais le Parlement de Bretagne a jugé à propos de se tenir au Droit commun, & de condamner les Tuteurs de les payer en argent, ou en obligation sur des gens de l'insolvabilité desquels ils seroient responsables, comme avoit fait Justinien. Chaque Province & chaque Royaume a son usage sur cela. Ce n'est point à nous à juger des Loix, ny si on a eu raison de les faire. Il suffit qu'on ne puisse contester qu'on n'ait fait celles dont il s'agit, pour en conclure que le Tuteur est obligé de rendre les deniers pupillaires en deniers, & que par consequent il les peut faire valoir de même, On auroit peut-estre plus de raison de demander au Parlement de Paris pourquoy il a changé sa conduite à cet égard, & qu'il s'est éloigné du Droit Romain & du Droit Commun.

97. Il y a encore une autre raison trés-sensible qui prouve la même chose. C'est que celuy qui a fait l'emprunt est obligé de reparer tous les dommages qui en peuvent arriver. Or ces dommages

regardent premierement les mineurs, qui n'ont pas moins de droit de les exiger de l'emprunteur, que de leur Tuteur, puisque l'un & l'autre étoient obligé à faire profiter leur bien, l'un par convention & l'autre par la justice. L'obligation même du premier est plus étroite, parce qu'elle sort d'une convention plus libre, Mais le dedommagement que le Tuteur a droit d'exiger est plus sensible, & pour en estre convaincu, je vous prie d'écouter deux propositions que j'ay a vous faire. On dit à un homme qui à besoin d'argent, je veux bien vous en prester, mais comme je destinois celuy que j'ay, à rembourser une pareille somme que je dois à un tel, & qui produit des interests, vous voudrez bien vous attourner à luy, & les luy payer en mon acquit. Voilà ce que tout le monde croit estre plein de justice & d'équité. Un tuteur dit, je veux bien vous donner l'argent de mon mineur, mais comme je ne l'ay qu'à la charge de luy en payer l'interest, attournez-vous à luy, & le luy payez en mon acquit. On pretend que c'est une proposition digne de l'Enfer, & que les Tuteurs qui la font, les mineurs qui en profitent, & les Juges qui l'autorisent ne sont bons qu'à le peupler. Qui le croira ?

98. Voicy une troisiéme raison qui est encore plus frappante, c'est qu'on n'a jamais réfusé à un Tuteur la liberté de traiter pour se décharger de l'evenement entier de sa tutelle, & des soins de faire les inventaires, de passer les baux, d'empêcher les prescriptions, &c. Qu'on nous dise donc pourquoy on luy défend sous peine de peché mortel, de traiter pour estre déchargé d'une partie de sa tutelle, & du soin de placer une somme particuliere, & pour obliger un tiers de la faire valoir au profit de ses mineurs & en son acquit? Seroit-ce à cause de la charité qu'il a pour ce tiers, qui a besoin de cet argent pour ses affaires particulieres, auquel il permet de l'y employer.

99. Enfin vous voudrés bien souffrir que je vous fasse une question. Pourquoy croyez vous que les interests que le mineur exige de son Tuteur soient innocens? N'est-ce pas à cause qu'il avoit promis à la Justice de faire profiter les deniers du mineur à peine de luy en payer l'interest? C'est donc un contrat legitime qu'il avoit fait. Je demande pourquoy ce seroit un crime si un autre homme qu'un Tuteur faisoit un pareil contrat avec le mineur ou avec un autre particulier. L'usure seroit-elle plus usure en ce cas, l'obligation ne seroit elle pas égale?

Qu'elle vertu voulez-vous donner au nom de Tuteur pour beatifier ce contrat en sa personne plûtôt qu'en celle d'un autre.

CHAPITRE XXIV.

Réponse à l'objection de ce que nôtre opinion est odieuse, nouvelle & particuliere, & de ce qu'elle peut faire du mal dans le monde.

100. L'Objection la plus commune, & la plus piquante qu'on nous fasse, est que notre opinion est odieuse, & qu'il n'y a ny Communauté Ecclesiastique, ny Université de France qui la soûtienne, parce que les prests usuraires sont regardez comme des monstres nés d'un commerce honteux de l'avarice, & de l'inhumanité, qui n'oseroient paroître que sous l'habit & le nom du prest gratuit. Nous avons déja répondu que *ab initio non fuit sic*, & que dans les 7. ou 8. premiers siécles, on les a pris en bonne part. Mais comme les opinions des hommes ont leur temps & leurs saisons, les noms ont aussi les leur. Tantost la Doctrine d'Aristote a été canonisée, tantost anathematisée, & je ne sçay comment elle est aujourd'huy. Les noms de démon & de magie ont eu le même sort. Ils ont été trés-long-temps en veneration, & ne sont devenus en

horreur que parce qu'on a crû qu'on ne s'en servoit que pour faire du mal aux hommes. C'est ainsi que l'abus qu'on fait dans les commerces d'usure les a rendus odieux, quoy qu'innocens en eux-mêmes, & que le mot d'interest a pris leur place, quoyque ce soit la même chose. *Nomen usura*, dit St. Thomas, *significat vitium quoddam de genere avaritiæ, quæ est radix omnium malorum, & secundum illum modum accipiendi nomen usuræ, condemnatur usura communiter à Doctoribus.*

101. Mais enfin c'est une chose inconcevable, quand on dit que nôtre opinion est toute neuve. Car nous la trouvons écrite & soûtenuë par toutes les loix anciennes, c'est à dire avec les moderations que nous avons dites, & tout le monde convient que la pratique en a été universelle pendant les sept premiers siécles, & dans l'Orient pendant 1200. ans. N'avons nous pas donc sujet de dire avec plus de raison, que l'opinion contraire est nouvelle? Peut-on encore avancer que nos resolutions ont été inconnuës aux écrivains ecclesiastiques, puisque nous les avons tirées en entier du veritable St. Thomas au ch. 1. 3. & 4. *de us.* Si les plus anciens Peres ne s'en sont pas ainsi expliqués, c'est qu'ils n'ont point traité les matieres methodi-

quement & selon les regles de l'école, mais on a fait voir que c'étoit leur pensée. N'est-il pas permis dans la religion d'éclaircir les Dogmes, d'y apporter de nouvelles lumieres, & de percer les difficultez ? N'est-ce pas en cela que consiste la Theologie ? *Non dicam nova, sed novè, ut poliantur, non ut commutentur.* Nous faisons deux propositions icy. Nous condamnons l'usure, & nous autorisons les commerces ; mais nous expliquons ce que c'est que l'usure condamnée, & ce que c'est que le commerce autorisé. Peut-être avons-nous employé une maniere nouvelle de les expliquer, c'est à dire, avec plus de précision, mais il ne se peut dire que nous ayons fait la moindre proposition nouvelle.

Je dis plus. Car supposant que nôtre proposition soit nouvelle, croyez-vous qu'elle soit blâmable pour cela, & qu'une verité naturelle, soit moins verité, quand elle n'est pas soûtenuë par l'autorité des anciens ? Ne voyons-nous pas tous les jours qu'on en découvre de nouvelles. Quand les choses sont soûmises à la raison, c'est luy faire perdre ses droits & son ressort, que de les donner à l'antiquité & à la prevention. Les opinions des hommes n'ont point d'hypotheque ny de privileges par la longueur du temps qu'elles sont au monde, ny par la faveur de ceux qui les soûtiennent. Il est vray que les matieres de foy sont essentiellement sujettes à l'autorité de ceux qui les ont enseignées. Et que toute sorte de nouveauté en cas de religion porte un caractere d'erreur, parce qu'étant fondée sur la revelation, & n'y ayant point de revelation depuis son établissement, toutes les propositions nouvelles sont suspectes. Mais dans les choses qui dependent de nôtre raison, je ne sçay si la nouveauté en fait un plus grand vice, que leur antiquité.

102. C'est encore sans raison qu'on nous reproche que le sentiment que nous prenons est particulier, & qu'il n'y a ny Université, ny Docteur qui ose soûtenir ny souscrire que l'usure n'est pas un peché, puisqu'il est vray qu'il n'y en a pas un seul qui n'en convienne dans la plus part des cas que nous venons d'expliquer. Par exemple. N'a-t-on pas decidé en plein Concile, qu'il est permis en Italie aux Monts de pieté de prêter à interests, en France d'en demander en Justice, en Guienne d'en stipuler dans une simple obligation; en Bretagne d'y colloquer les deniers pupillaires, & par tout quand on a renoncé a exiger le principal. Si on appelle cela une

opinion particuliere, qu'on nous apprenne donc ce qu'on appelle une opinion commune & generale? Car si tous les hommes dans tous les païs du monde & dans tous les temps, ne sont pas d'accord pour ce qui regarde les especes particulieres, faut-il s'en étonner? Est-il possible, ou même expedient que tous les hommes conviennent dans un point de doctrine? Supposez encore qu'il y en ait un plus grand nombre d'un côté, quelle consequence en pouvez-vous tirer? Ne sçait-on pas que dans les choses difficiles le plus grand nombre de témoins est fort suspect, sur tout quand on y fait paroître une ombre de religion.

103. Enfin nous ne sommes point touchez du mal qu'on doit craindre, de ce que le party qu'on a pris, peut servir de pretexte pour exiger des usures injustes. Car 1. Nous esperons qu'on ne s'arrêtera pas tant à penser que l'usure n'est pas un peché en elle-mesme, qu'on oublie qu'elle en est un, quand elle est excessive, ou sur des pauvres, ou contre les loix civiles. D'ailleurs on est persuadé que le plus grand des biens est de prevenir une infinité de pechez qu'on commet, en faisant des choses qu'on croit estre pechez & qui n'en sont pas, & de tirer d'inquiétude tant de milions d'hom-

mes sur l'état de leur conscience & de leur fortune. S'il faut balancer le bien & le mal qu'on fait par-là, ne doit-on pas preferer une verité qui previent par elle-mesme un grand nombre de pechez, quoy qu'elle en cause quelqu'un par accident, à un mensonge, qui produit plusieurs maux de luy-mesme & quelque bien par accident ? Il n'y a point de remede ny pour les corps ny pour les ames, qui ne fasse quelque mal par nos mauvaises dispositions. L'orgueil peut sortir de l'humilité mesme, & l'avarice de l'injustice, & comme Dieu tire sa gloire de l'impieté des méchans sans diminuer leur crime, il permet aussi qu'il sorte des crimes de la vertu des bons, sans qu'ils perdent leur innocence.

Quoyqu'il en soit, nous croyons que le mal qu'on peut causer à quelqu'un par la connoissance de la verité ne nous dispense point de la dire. *Justitiam non abscondi in corde meo, veritatem tuam dixi.* J. C. a-t-il cessé d'annoncer l'Evangile aux Juifs, quoyqu'il sçût le mauvais usage qu'ils en devoient faire, & n'a t'on pas prédit dés sa naissance qu'il seroit un sujet de scandale & de contradiction à une infinité de gens ? La connoissance de la verité fait bien voir l'impureté qui est dans nos cœurs, mais elle ne l'y fait pas naître, & ceux qui sont disposés de prendre des usures excessives, n'en seroient pas empêchés, en croyant qu'elles sont des pechés en elles-mêmes. Comme la verité sert de lumiere pour conduire les ames choisies dans le chemin des Tabernacles Eternels, elle sert souvent à mener les autres dans les plus grands precipices. Ce sont des secrets de la providence de Dieu qu'il n'est pas permis de penetrer. C'est à nous à faire nôtre devoir, & à laisser à Dieu à faire ce qu'il luy plaist, mais il ne se sert jamais du mensonge pour nous sauver.

104. Au reste ceux qui nous font ces reproches ne comprennent guéres ce que c'est que la verité; que le Dieu que nous adorons, se dit le Dieu de verité, que nous sommes engendrez par la parole de la verité, que nous nous nourrissons de la verité, & qu'encore que tout le monde ne soit pas obligé de publier la verité, tout le monde est obligé de la reconnoître, & de ne la pas contester. Ils ne comprennent point l'obligation où nous sommes de soûtenir la verité quand on la combat ou qu'on l'obscurcit. Car si tous les hommes doivent la chercher lors même qu'elle les condamne, à plus forte raison, quand elle les justifie, & qu'elle les empêche de tomber dans de vrays pechez d'ignorance, en faisant des choses qui croiroient être des pechez & qui ne

le sont pas. Enfin ils ne comprennent point assez, que les Juges ne peuvent se dispenser de chercher la justice dans la verité, pour la distribuer par son esprit dans les temps, & les circonstances, selon les differens états, & les diverses dispositions des hommes, pour les conduire par les voyes de la veritable équité.

J'avoüe que j'ay eu peine à entreprendre de parler sur cette matiere, sçachant qu'on le recevra diversement, & que plusieurs en jugeront plûtost par des préjugés, pour user des termes de St. Augustin, que par le jugement de la verité, & cela d'autant plus qu'on s'imagine que ces questions regardent plûtost les Theologiens que les Jurisconsultes. Mais outre que tout le corps du Droit, nos Ordonnances & nos Arrests sont au contraire, & que les puissances doivent rendre compte au public de leur conduite, c'est qu'il faudroit estre dans une étrange insensibilité pour refuser sa plume à tant de gens, aux Pupilles, aux Marchands, à tous les Commerçans de la Province, & à nos Etats mêmes qui nous demandent si publiquement des éclaircissemens sur cette matiere. Ne seroit-ce pas le cas dont il est dit dans l'écriture qu'ils ont demandé du pain, & qu'il ne s'est trouvé personne qui ait voulu le leur rompre? C'est pourquoy nous avons lieu desperer que l'obligation ou nous sommes à cet égard, sera une occasion de meriter que Dieu nous donne les lumieres & l'instruction dont nous avons besoin pour nous en bien acquitter.

CHAPITRE XXV.

Réponse à l'objection qu'on est obligé de prendre le party le plus seur.

IL reste à éclaircir une difficulté qu'on fait d'ordinaire, qui est que dans le doute qui vient de ces differentes opinions, il faut toûjours suivre le party le plus seur, qui est qu'en prenant des interests, on expose son salut par une action que plusieurs croyent estre un peché, & que tout le monde reconnoît estre peu honneste, au lieu qu'en suivant le party contraire, il ne peut en arriver que du bien. Mais enfin c'est éluder la difficulté, ce n'est pas la resoudre. Il ne s'agit pas de sçavoir s'il vaut mieux prêter sans interest, on demande si on peut traiter avec interest. Un Tuteur a de gros deniers apartenant à son mineur, il n'a pas assés de bien pour les luy rendre en espece s'il ne les met à interest, il faut qu'il opte ou d'estre rüiné, ou de les y colloquer. Un mineur demande des interests à son Tuteur, le Tuteur en reporte l'action à celuy à qui l'argent a été presté avec promesse de les payer. Voilà un procés, il le faut juger. Chaque particulier peut regler ses pensées & sa conduite comme il entend, mais il faut que les Juges parlent & qu'ils fixent les doutes & les droits des parties, & quand cela ne seroit pas icy c'est une de ces verités si importantes au repos des familles & des consciences qu'il n'est pas permis de les laisser indecises.

105. Examinons donc icy deux questions, l'une de Droit, si l'on est toûjours obligé de prendre le party le plus seur, l'autre de Fait, s'il est plus seur dans la verité de ne point exiger d'interest. A l'égard de la premiere proposition il s'en faut bien qu'elle ne soit absoluëment veritable. Par exemple le celibat, la vie retirée & la pauvreté sont les voyes les plus seures pour arriver au Ciel, selon l'Evangile; & cependant il n'est point vray qu'on soit toûjours obligé de les suivre. Car chacun a sa destination particuliere en recevant de certains talens qui ne sont pas communs aux autres, & dont il doit un compte particulier au pere de famille. Ainsi ce qui est le plus seur en general, ne l'est point dans les occasions particulieres, & ce qui est une vertu dans les uns, est un vice dans les autres. C'est dans ce sens que S. Paul dit, que les uns sont destinés à estre riches, & les autres à vivre dans la pauvreté, afin que l'abon-

dance des uns ſupplée à l'indigence des autres. C'eſt pourquoy celuy qui nous a dit qu'il falloit preſter ſans en rien eſperer, n'a pas laiſſé de blâmer ce ſerviteur qui n'avoit pas fait profiter l'argent de ſon Maître. Voilà ſur quoy nous avons dit, qu'un pauvre homme qui a beſoin de tout ſon argent pour entretenir ſa famille, feroit mal de la priver du profit qu'il en pourroit tirer. Il en ſeroit de même d'un homme riche qui eſt deſtiné à faire de grandes largeſſes aux pauvres, & qui ne les pourroit faire à cauſe qu'il manqueroit à faire profiter ſon argent.

106. Quant à la queſtion de fait, & à ſçavoir s'il eſt plus ſeur de croire que l'uſure ſoit un peché dans les circonſtances qu'on vient d'expliquer, voulez-vous bien qu'on vous faſſe une priere, qui eſt de vous degager de tout préjugé, & de reflechir ſur les raiſons que nous avons dites & que nous allons recapituler.

Quoy qu'il ſoit mal-aiſé de juger avec quelque certitude ce qui doit paroître le plus vray, Ariſtote n'a pas laiſſé de nous donner une maxime d'un grand ſens, qui eſt qu'il y a des choſes qui ſortent des lumieres naturelles, dont tout homme raiſonnable doit eſtre ſatisfait. Il dit meſme qu'il ne faut pas diſputer contre celuy qui ne veut pas s'y rendre, parce que quand on eſt venu à un certain degré d'évidence, tout ce qu'on dit au-delà ne fait qu'éblouïr, & paroît plûtôt une dispute de cœur que d'esprit. Or dans le fait, n'est il pas vray que l'argent produit une veritable utilité dans nos societez ? Nous pardonnons à un Docteur de tirer du fond de son cabinet un argument, pour prouver que la nature n'ayant donné aux metaux aucune fecondité, c'est l'offenser de croire que l'argent puisse produire aucun fruit. On luy permet de dire que tout l'avantage qu'on en reçoit, est dû à l'industrie de celuy qui en a fait l'employ, ou qui a couru risque de le perdre, pour conclure que celuy qui avoit fourny l'argent n'y doit avoir aucune part. Enfin il dira tant qu'il voudra qu'en rendant la valeur de l'argent presté, on n'est pas censé rendre le méme argent. Mais ceux qui vivent dans les commerces du monde, sçavent qu'ils ne se conduisent point par ces vaines speculations.

D'ailleurs pouriez-vous croire qu'il ne soit pas permis de loüer son argent comme sa maison & son cheval ? Quel privilege a l'argent au dessus de tous les autres biens de ce monde pour ne pouvoir estre dans le commerce. Si ce n'est pas choquer le droit naturel que d'en donner la joüissance gratuitement, seroit-ce le choquer que de la vendre & de la trafiquer ? Y a-t-il un autre vice dans ces sortes de contrats que l'inégalité du prix?

En troisiéme lieu, en supposant qu'on soit obligé d'en faire un prest gratuit, quand l'emprunteur est dans une grande necessité, nous avoüons que c'est un crime de ne le pas faire, mais ce crime est un peché d'omission. Or une omission de faire une aumône peut-elle imprimer un caractere réel d'iniquité sur un contrat d'ailleurs legitime en soy, comme est le contrat de loüage? Si vous manquez de donner du pain à un pauvre vous pechez, mais si vous le luy vendez, la vendition seroit-ce un peché particulier?

Quoyqu'il en soit nous ne sçaurions croire qu'il y ait une obligation à peine d'enfer de faire part de ses biens à titre de liberalité aux plus riches des hommes, comme aux plus pauvres. Quand vous feriez encore autant de livres pour le prouver, qu'on en a fait jusqu'icy, vous n'en convainquerez jamais un homme qui voudra se servir de sa raison. Mais enfin si vous ne trouvez pas icy de vrayes demonstrations, avoüez du moins que c'est l'opinion la plus raisonnable.

4. On ne peut comprendre le privilege qu'on donne à l'usure qu'on permet pour un simple retardement de payement ou pour le remboursement d'une somme qu'un

qu'un caution a payé pour le principal debiteur, en supposant qu'il a été souffert quelque dommage. Car outre qu'on peut supposer le même dommage à l'égard de toute sorte de créanciers, c'est que le profit qu'on reçoit afin de se dedommager d'une perte effective, est de même nature que celuy qui sert à augmenter ses biens, parce que l'employ n'en change point la réalité. Car pour moy j'appelle un chat un chat, & une usure, tout profit qu'on reçoit au de-la du sort principal. Et sur cela je dis que tous ces profits sont de veritables usures, & que si elles sont permises en ces cas, elles le doivent estre dans les autres semblables.

Enfin il y a une consideration qui n'est pas d'un poids mediocre, qui est la necessité de permettre les commerces dont il s'agit. Les idées des contemplatifs qui se figurent une republique où les interests seroient bannis, & où on ne se serviroit que de rentes constituées, sont admirables, mais outre qu'elles sont également des profits d'argent & des usures, comme on a dit, consultez tous les Ministres de tous les Royaumes du monde, le Clergé, les Etats de Bretagne & de Languedoc, & particulierement les Marchands, ils vous diront que les rentes ne peuvent estre que de trés-peu d'usage dans les commerces, à cause qu'il faut que l'argent y soit dans un mouvement continuel. Mais enfin supposé que ces sortes de prests ne soient pas absolument necessaires, avoüés du moins qu'ils sont fort utiles en plusieurs rencontres, & cela nous suffira pour en prouver l'équité naturelle.

A l'égard des autoritez Ecclesiastiques & civiles qui sont la plus grande seureté de nos opinions, permettez-moy de remettre à en parler à la fin, où nous rapporterons la Declaration du Roy qui doit donner le sceau à cet Ouvrage.

CHAPITRE XXVI.

Conclusion.

107. DE la maniere dont tout le monde parle de l'usure, il semble que ce ne soit icy presque qu'une dispute de nom. Car on convient qu'elle est un profit qu'on doit pour la joüissance de l'argent d'autruy. On convient encore qu'il y a des profits justes & d'autres injustes. *Qualitas lucri* dit S. Leon, *negociantem arguit aut excusat, quia est honestus quæstus & turpis.* Or on a banny le nom d'usure dans tous les cas où l'on a trouvé de la justice dans ce profit, & on l'a laissé dans tous ceux où l'on n'en a pas trouvé, & sur cela l'on a conclu que l'usure étoit toûjours un peché, puisqu'elle étoit toûjours un profit injuste.

Par exemple on convient que dans la plus part des cas qui sont mentionnés dans le ch. 5. il n'y a aucun peché, mais on soûtient qu'il n'y a point d'usure par des raisõs qui font voir qu'ils sont pleins de justice. Dés qu'on a défendu en France les stipulations d'interests, on a declaré les contrats qui y vont directement ou indirectement usuraires, c'est à dire vitieux, mais quand le créancier a demandé ces interests en justice, on ne les nomme plus usures, on les appelle des *dommages & interests*. Quand Leon X. permit aux Monts de Pieté de stipuler des interests, il défendit de les appeller usure & les nomma un dedommagement du Bureau. Quand on a presté sans terme & sans pouvoir jamais exiger le principal, c'est *une rente constituée*. On ne veut pas appeller usure ce qu'un Tuteur paye pour avoir manqué de faire profiter l'argent de son mineur, on l'appelle *un interest punitoire*. On nomme *benéfice* ce qu'on donne à un Banquer pour avancer son argent à l'emprunteur. L'interest qu'on donne à un caution qui a payé pour le principal obligé, à un gendre pour les deniers dottaux, & à un vendeur pour le prix d'une terre venduë à crédit, ne s'appelle point usure, mais *un dedommagement*. Cependant à considerer les choses en elles-mêmes & dans leur naturel, que ces interests soient justes ou injustes, perpetuels ou à terme, & fondés sur un bon ou mauvais motif, qu'ils ayent pour cause la Sentence d'un Juge, une stipulation, un dedommagement, une punition, une necessité, une vendition, une compensation, ou quelque cause que ce soit, ne sont-ce pas toûjours des usures *incrementum, super abundantia, quod sorti accidit, pretium pro usu pecuniæ?* Pensés-vous que l'interest qu'on a stipulés dans un contrat & que nous condamnons, soit d'une autre nature que celuy qu'on a demandé en justice & que nous approuvons, ou celuy que les Monts de Pieté exigent.

108. La Conclusion est donc qu'il y a des usures contre le droit naturel, comme celles qui sont excessives, contre le droit divin, comme celles qui sont contre la charité, contre le droit ecclesiastique, comme celles qui sont deffenduës aux gens d'Eglise, contre les loix civiles, comme les conventions usuraires. Qu'il y en a d'autres legitimes, comme celles dont on a parlé au ch. 5. d'autres incertaines & qui sont approuvées par les uns & blâmées par les autres, & d'autres qu'on pratique dans certains lieux & non dans d'autres, comme celle des Monts de pieté, & des pays gouvernez par le droit écrit.

RÉPONSE DE MESSIEURS

LES DOCTEURS DE SORBONNE sur les questions proposées dans le precedent Traité.

LES Docteurs de Sorbonne soussignez, priez par les amis de l'Auteur de ce Memoire de dire leurs sentimens sur ce qu'il contient article par article, y ont répondu ainsi qu'il suit, sans s'assujettir à la methode de l'Auteur qui ne leur a pas paru la plus naturelle; mais sans omettre ny aucune des autoritez, ny aucune des raisons employées dans le Memoire en faveur du party que soûtient l'Auteur.

1°. On ne peut approuver que ce Memoire dans les pages 2. 25. 26. 27. & 28. ait proposé la question si l'usure des deniers pupillaires est contraire à la Loy de Dieu, comme problematique, & encore moins qu'on y dise dans les pages 26. & 27. que *nos Princes & nos*

Magistrats ont trouvé une trés grande évidence à croire que la demande d'interest n'est pas un mal en soy, ny un peché contre la nature, la justice, & la Charité. Car l'Auteur ne peut ignorer que l'interest des deniers pupillaires a été expressément condamné par le premier Concile de Milan, par les Conciles de Malines en 1570. de Bourdeaux en 1583. & par l'Assemblée generale du Clergé de France à Melun en 1579. On a dû être retenu par des autoritez de ce poids, soûtenuës par celle d'Alexandre III. dans le chap. *super eo ext. de usuris*, où ce Pape declare à l'Archevêque de Palerme que l'usure étant condamnée par l'ancien & le nouveau Testament, elle ne pouvoit être permise pour racheter les Captifs. Il paroît que l'Auteur n'a pas ignoré cette decretale l'ayant attribuée au troisiéme Concile de Latran dans la page 17. du Memoire. A-t il pû compter pour peu l'autorité de St. Thomas, des Canonistes, & des Theologiens, qui tous, exceptez quelques Auteurs protestans, comme Dumoulin, Saumaise, Grotius, & un petit nombre d'Ecrivains modernes sans nom, & sans autorité, condamnent expressément l'interest des deniers pupillaires? Dans une question de morale, où il s'agit du salut éternel, doit-on comparer l'autorité de quelques protestans, quoyque d'ailleurs sçavans, & de quelques Theologiens sans autorité qui les ont suivis, ou même celle de quelques Magistrats, d'ailleurs bien intentionnez pour le bien public, mais trop prevenus de l'usage qu'ils ont trouvé étably, à celle du torrent des Canonistes & des Theologiens appuiez de la decision du S. Siege, de plusieurs Conciles provinciaux, & du sentiment d'une Assemblée generale du Clergé de France ?

2°. On ne peut encore approuver que l'Auteur revoque en doute si l'usure est condamnée par la Loy de Dieu, ou seulement par celle des Princes, pages 4. 9. 10. 28. & qu'il fasse dépendre de-là, la decision de la question si l'interest des deniers pupillaires autorisé par certains Parlemens est permis ou deffendu. Sur ce pied l'Auteur ne devoit trouver aucune difficulté à declarer cét interest usuraire & contraire aux regles de la conscience. Car il est évident que l'usure est deffenduë en general, non seulement dans l'ancien Testament aux Juifs à l'égard de leur nation, comme l'Auteur le pretend page 9. aprés Grotius sur le chap. 6. de Saint Luc, mais même aux Chrétiens. Cela est si certain qu'il est étonnant qu'un Magistrat éclairé & Catholique ait pû croire le contraire sur les paroles d'un protestant si suspect en matiere de dogmes. Ne devoit il pas croire plûtôt les Peres de l'Eglise, qui sont les fideles interpretes de l'Ecriture? Tous ont declaré l'usure défenduë aux Chrétiens par loy de Dieu dans un temps même où elle étoit permise par les Loix Romaines. Quelqu'unes de leurs autorités sont rapportées dans la question 3. & 4. cause 14. du decret de Gratien, sçavoir S. Augustin sur le Pseaume 36. S. Jerôme sur le chap. 18. d'Ezechiel, S. Basile sur le Pseaume 36. & S. Gregoire de Nice homelie 4. sur l'Ecclesiaste, qui prouvent fortement que l'usure est défenduë à tous les Chrétiens, en s'appuyant uniquement sur les Loix Divines & naturelles. Grotius sur le ch. 6. de S. Luc, qui paroît l'oracle de nôtre Auteur, luy fournira deux beaux textes de Tertulien & de Lactance, qui la condamnent dans tous les Chrétiens independemment de toute Loy de l'Eglise, & de celles des Princes, qui alors les autorisoient dans tout l'Empire Romain. Mais que peut-on desirer de plus précis que le premier Concile General de Nicée Canon 17. rapporté dans la question 4. cause 14. par Gratien, & le premier Concile

Concile d'Arles, d'une si grande autorité dans toute l'Eglise d'Occident. Ces deux Conciles dont le premier representoit toute l'Eglise, & le second presque toutes celles d'Occident, fondent leur deffense à l'égard des Clercs d'exiger les usures permises même par les Loix Romaines, sur le precepte divin, *obliti sunt divini pracepti quo dictum est : qui pecuniam suam non dedit ad usuram.* Ce sont les termes du Concile de Nicée au chap. *quoniam placuit. Juxta formam divinitùs datam &c*, dit le Concile d'Arles au chap. *ministri.* C'est dans la Doctrine de ces Peres & de ces Conciles si attentifs à expliquer le sens des Divines Ecritures, qu'il faut chercher l'intelligence des passages de l'ancien & du nouveau Testament, qui parlent de l'usure. Car c'est la tradition qui nous conserve & qui nous fixe le sens des Ecritures, que le Concile de Trente Sess. 4. nous défend de jamais expliquer dans ce qui regarde la foy & les moeurs, *in rebus fidei & morum* dans un sens contraire à celuy de l'Eglise, *contra eum sensum quem tenuit & tenet Sancta Mater Ecclesia*, ou contraire au consentement unanime des Peres, *aut etiam contra unanimen consensum Patrum.* Cette exposition des Ecritures sur la défense des usures a été fidellement

P

conſervée dans tous les ſiecles ſuivans, juſqu'au temps des Proteſtans, qui ſe ſont donnés la liberté ſur les mœurs & ſur les dogmes d'interpreter la parole de Dieu comme il leur a plu. Le 3. Concile general de Latran ſous Alexandre III. *cap. quia in omnibus extra de uſuris*, declare que l uſure eſt condamnée dans l'un & dans l'autre Teſtament : *Qualiter utriuſque Teſtamenti paginâ uſuræ condemnantur nequaquam attendunt*. Il n'eſt pas ſurprenant de trouver une interpretation ſi autoriſée de la tradition & des Conciles, ſuivie de tous les Theologiens & de tous les Canoniſtes. Mais n'a t'on pas ſujet de s'étonner qu'elle ſoit ignorée de nos Magiſtrats qui doivent l'avoir lûë dans les Reglemens & les Loix du Royaume ? Combien de fois ont-ils lû la condamnation de l'uſure dans les Capitulaires de nos Rois de la ſeconde race, *lib. 1. cap. 25. lib. 5 cap. 38. additione ſecundâ cap. 17. & lib. 6. cap. 50. ?* Comment n'ont-ils pas remarqué que dans le Canon 201. il eſt dit expreſſément que la Loy divine condamne les uſures : *Quoniam venerandi Canones & Divina prohibet autoritas uſuras accipere* Le Diacre Benoît dans la preface qu'il a miſe à la tête du 5. livre des Capitulaires, declare que ces Reglemens ſervoient de loy ce aux Juges Ecclesiastiques, & aux Juges Royaux : *Quoniam valdè utilia sunt hæc capitula, & scire volentibus opidè profutura, quæ pro lege tam Ecclesiasticâ quàm & Seculari jure firmissimè sunt tenenda.* Si tous nos Magistrats negligent de recourir à ces sources si pures de nôtre jurisprudence, peuvent ils oublier ce qu'ils ont lû dans les Ordonnances de S. Loüis, de Philippe IV. & de Philippe VI. ausquelles se sont conformés Loüis XII. Charles IX. les Ordonnances d'Orleans & de Blois. Le Roy Philippe IV. dans son Ordonnance de 1311. contre les usuriers commence par declarer que les usures sont défenduës par la Loy de Dieu, & condamnées par les Ss. Peres, & par les Rois ses prédecesseurs, *usuras à Deo prohibitas, & à Sanctis Patribus, nec non à progenitoribus nostris damnatas.* Ce Prince repete les mêmes termes dans une seconde Ordonnance qu'il publia en 1312. contre les usures. Le Roy Philippe VI. en 1349. art. 19. s'explique de la même maniere. *Jaçoit que nous défendons toute maniere d'usure défenduë de Dieu & de Sainte Eglise, & de nos predecesseurs Rois de France,* ces Princes n'avoient pas apris des Protestans rebelles à l Eglise à expliquer les Ecritures selon leurs propres préjugez, ny à en alterer les ſens pour excuſer les abus du ſiecle; ils s'en rapportoient à l'Eglife de ce que c'eſt qu'uſure, & de ce qu'en diſent l'Ecriture & la tradition; & ils n'ont penſé à employer leur autorité que pour reprimer & punir ce deſordre par des deffenſes & des peines rigoureuſes. Et pouvoient-ils en uſer autrement? Ils avoient eux mêmes aſſiſté aux Aſſemblées & aux Conciles où furent formées les deciſions les plus préciſes contre l'uſure. Les Capitulaires étoient les reſultats des Deliberations arreſtées de concert dans les Etats Generaux du Royaume par les Prelats, les Princes, & les grands Seigneurs. Les Ambaſſadeurs de nos Roys aſſiſterent aux Conciles de Latran, de Lyon & de Vienne, où l'on fiſt des Reglemens ſi ſeveres contre les uſuriers. Les Princes alors loin de les proteger, trouverent bon qu'on portât les peines d'excommunication contre ceux de leurs Officiers qui favoriſeroient l'uſure. Je laiſſe à penſer aux Magiſtrats conſciencieux qui ſoûtiendroient la doctrine de ce Memoire dans les pages 9. & 10. &c, s'ils ne doivent pas craindre avec raiſon d'encourir la cenſure portée par la Clementine *ex gravi de uſuris*, contre ceux qui oſent aſſeurer avec opiniâtreté que l'uſure n'eſt pas un peché. Ce Concile auroit-il parlé ainſi, ſi l'uſure n'étoit défenduë que par les Loix des Princes ? Ce n'étoit pas là le ſentiment de nos Roys de la ſeconde, & de la troiſiéme race, ny des Prélats, & des grands Seigneurs, qui eurent part à leurs ſeveres Ordonnances contre l'uſure & les uſuriers. Ce ne fut pas non-plus celuy de ces Empereurs grecs Bazile & Leon, citez dans le Memoire, qui condamnerent l'un & l'autre les uſures, parce qu'ils les crûrent contraires à la Loy divine, quoyqu'elles euſſent été permiſes par les Empereurs leurs prédeceſſeurs avec certaines modifications. *Quæ vocantur pecuniæ creditæ uſuræ, ubique à ſpiritûs decreto condemnanur. Id ſciens Pater noſter æternæ memoriæ princeps, uſurarum ſolutionem ſanctione ſuâ prohibendam putavit.* Il eſt facheux qu'un pieux Magiſtrat ſe déclare également contre les Ordonnances de nos Roys, & contre les deciſions des Conciles & des Peres. Il doit neanmoins ſe ſouvenir que le ſentiment de ceux qui ont dit que toutes les deffenſes faites dans l'ancien Teſtament contre l'uſure, ne regarde que la police des Juifs abolie par Jeſus Chriſt (comme il le dit dans les pages 8 & 9.) a été cenſuré par l'Aſſemblée generale du Clergé de France en 1700. propoſ. 59. avec grande juſtice, puiſque la Loy de Moyſe deffendoit aux Juifs l'uſure par rapport à tous leurs freres, Deuter. 23. & ne la permettoit qu'à l'égard des nations voiſines, avec leſquelles il leur deffendoit tout commerce, Deuter. 7. verſ. 2. & qu'il eſt certain par les maximes de la religion, qu'un Chretien doit conſiderer tous les hommes comme ſes freres & prochains, Luc 10. verſ. 30. Le Samaritain eſt declaré nôtre prochain, Rom. 10. *Non eſt diſtinctio Judæi & Græci.* Il y a lieu d'eſperer que tout ce que je viens de rapporter, étant capable de convaincre tous les Catholiques ſur cette verité, que *l'uſure eſt deffenduë par les Loix divines*, ſelon les Peres & les Conciles qui en ſont les vrays interpretes, & de l'aveu même du Conſeil de nos Roys de la ſeconde & de la troiſiéme race. L'Auteur du Memoire ceſſera d'excuſer l'intereſt des deniers pupillaires, puiſque dans la page 11. de ſon écrit, il convient que l'interpretation de l'Ecriture Sainte appartient aux Conciles & aux Peres de l'Egliſe, & qu'il proteſte qu'il ne veut pas d'autres arbitres ſur le different preſent. Je le prie de ſe ſouvenir de cette parole & de conclure; que puiſque toute uſure ou intereſt lucratif, *omnis superabundantia* selon Saint Augustin & St. Jerôme *cap si fœneraveris* & *cap. putant q. 3. causâ* 14. & selon le chap. *usura ibidem*, tiré du liv. 1. des Capitulaires, & selon l'Ordonnance de St. Loüis en 1254. *usuram intelligimus quidquid est ultra sortem*; puisque, dis-je, selon cette idée de la tradition, qui doit estre la regle invariable de toutes nos définitions & de toutes nos decisions, l'interest lucratif des deniers pupillaires se trouve être une veritable usure; cet interest est condamné par avance par la Loy de Dieu & par les Ordonnances anciennes & nouvelles du Royaume qui condamnent l'usure conformément à l'Ecriture & aux Peres de l'Eglise, comme nous venons de le montrer par les textes formels des Ordonnances; cette seule observation devroit suffire pour lever toutes les difficultez de l'Auteur, qui paroît ne chercher que la verité. Je la crois si importante que je le supplie d'y faire une serieuse attention.

3°. On ne peut approuver que l'Auteur fasse dépendre de la raison humaine la décision d'une question, dont les principes sont fondés sur la Loy Divine & si combatus par la cupidité. Les

Empereurs Romains ont été obligés de tolerer en plusieurs cas l'usure, que l'Empereur Leon a declaré ne pouvoir estre reprimée par les Loix humaines, & qui malgré toutes les décisions & les peines renouvellées par l'Eglise contre les usuriers depuis plus de 500. ans, & toutes les Ordonnances de nos Rois, si multipliées & si severes, s'est mise au dessus de tous les remedes; jusques-là qu'elle trouve des défenseurs, non seulement dans les Banques & dans les Bureaux des Marchands & des gens d'affaires, mais encore dans le Barreau de la part des Avocats, & même de quelques Magistrats; & dans le cabinet de la part de quelques Theologiens, ou superficiels seduits par la lecture des Auteurs protestans, ou interessés, trop engagés dans le commerce du monde. Qu'est-ce que la raison humaine aveuglée en partie par les passions de l'interest & de la sensualité, en partie par le préjugé de la Coûtume, & les mœurs corrompuës des derniers temps, n'a point suggeré aux hommes mêmes qui passoient pour plus éclairés que les autres dans ces derniers siecles? Les censures prononcées par les Papes Alexandre VII. & Innocent XI. contre plus de cent propositions relachées de Morale, par l'Assemblée generale du

Clergé en 1700. & par plusieurs Evêques de France, & par la Faculté de Theologie de Paris en 1662. en sont une preuve manifeste. Il y a plusieurs de ces propositions qui regardent en particulier la matiere de l'usure; la 40. & la 41. d'Innocent XI. sont de ce nombre. Si l'Auteur veut bien leur appliquer tous les raisonnemens qu'il fait dans les pag. 3. 4. 5. 6. 7. 8. 17. il trouvera qu'elles sont fondées sur les principes qui luy paroissent solides, & que ces propositions ne peuvent estre fausses que ces principes ne le soient. Prenons pour exemple la censure des trois contrats portée par Sixte V. par les Archevêques de Bourges, les Evêques de Digne & de Cahors, par la faculté de Theologie de Paris en 1662. &c. L'Auteur dans la la page 5. n'approuve-t-il pas une societé où le profit est commun, & le risque regarde uniquement le preneur où le debiteur de la somme empruntée pour la societé? N'est-ce pas-là le principe unique des 3. contrats? Le même Auteur dans la page 17. pretend que le plaisir d'avoir son argent dans son coffre, & l'assurance de ne manquer de rien donne un droit de demander l'interest de l'argent presté, & que l'Ordonnance de Blois le suppose ainsi: n'est-ce pas la même chose que la proposition condamnée par le Pape Innocent XI. & le Clergé de France? Dans la même page 17. l'Auteur soûtient qu'il est aussi permis de donner son argent à titre de rente pour un tems, que de le donner à rente pour toûjours : n'est-ce pas encore la proposition 58. en propres termes, censurée par la même Assemblée du Clergé de France? La parfaite ressemblance de ces maximes avec celles qui ont été flétries par l'Eglise, ne suffit-elle pas pour les luy rendre au moins suspectes de fausseté?

4. Deux ou trois autres considerations devroient luy faire desavoüer les reponses dont il s'est servi dans les pages 4. 5. 6. 7. & 8. du Memoire pour repondre au moyen tiré de la raison naturelle. La premiere est que ces raisons, qui luy paroissent si pitoyables, sont les mêmes qui ont été employées par St. Thomas, & par tous les Theologiens qui ont traité de l'usure aprés luy, aussi bien que par tous les Canonistes. Je prie l'Auteur de consulter seulement la question 78. de la seconde Seconde de St. Thomas, & son Opuscule 42. autrefois 73. sur l'usure. chap. 1. 2. 3. & 4. il y trouvera le précis de toutes les raisons, qui luy paroissent aprés Grotius des subtilitez & des rafi-

nemens outrés, contraires à la ſimplicité de nos mœurs. La ſeconde conſideration n'eſt pas moins importante : C'eſt que les Theologiens & les Canoniſtes ont emprunté ces raiſonnemens des anciens Peres de l'Egliſe & des Conciles ; l'Auteur s'en convaincra luy-même, s'il veut bien parcourir les endroits des Peres & des Conciles que j'ay citez cy-devant. Eſt-il croyable que la raiſon naturelle ait été obſcurcie dans tous les anciens Docteurs de l'Egliſe, dans tous les plus celebres Juriſconſultes & Theologiens ; & qu'elle n'ait été éclairée que dans les proteſtans des derniers ſiecles ? Le St. Eſprit aura abandonné les Conciles à de faux préjugez, & aura reſervé ſes lumieres ſur un point ſi important de la morale Chrétienne à des hommes accoûtumez à ſe tromper dans les matieres les plus importantes & les plus conſtantes ? Eſt-ce que la verité captive ſous la legitime autorité de l'Egliſe & des Princes Catholiques, attendoit ſa delivrance d'un Saumaiſe, d'un Dumoulin, d'un Grotius ? Ce qui m'étonne le plus, c'eſt que ces beaux eſprits aidez de la lumiere de l'Evangile ont raiſonné plus mal ſur la matiere de l'uſure que les Philoſophes payens. Platon, dial. ou liv. 5, *de legibus* vers la fin, bannit l'usure d'une Ville policée. Aristote, liv. 1. *politicorum*, la declare contraire à la nature : *fœnore nummus nummum parit, quare maxime contra naturam est, &c.* Cette raison est d'autant plus considerable, que les Peres de l'Eglise, Saint Ambroise, St. Basile, St. Gregoire de Nice s'en sont servis. Ciceron qui n'étoit pas moins excellent Philosophe qu'Orateur sur la fin du premier liv. *de officiis* parle ainsi des usures & des usuriers : *primum improbantur ij quæstus qui in odia hominum incurrunt ut partitorum & fœneratorum.* Seneque grand Philosophe & grand politique tout à la fois, en parle avec le même mépris liv. 7. *de beneficiis cap.* 10. *Quid fœnus & calendarium & usura nisi humana cupiditatis extra naturam quæsita nomina ?* Plutarque dans son traité 23. contre l'usure, encherit sur tous les Philosophes, & en fait sentir en detail l'iniquité & la cruauté. Ce n'est pas sans raison que le Catechisme du Concile de Trente, en expliquant le 8 precepte du Decalogue, *non furtum facies*, s'explique de la sorte sur l'usure. *Gravissimum semper fuit hoc facinus etiam apud gentes, & maximè odiosum, hinc illud : Quid fœnari ? Quid hominem, inquit, occidere ? Nam qui fœnerantur bis idem vendunt, aut id ven-*

dunt quod non est. On reconnoît assez dans ces paroles le stile de l'Orateur Romain. L'Auteur du Memoire a bien des reproches à se faire sur ce qu'il dit en faveur des usuriers en la page 8. où il a parlé, sans doute autrement qu'il ne convient, je ne dis pas à un Magistrat Chrétien, mais à un simple Philosophe.

5. Il faut conclure de tout ce que je viens de rapporter, que nous sommes dispensez de repliquer à toutes les réponses que l'Auteur a employées dans les pages 3. 4. 5. 6. 7. 8. aux six raisons qui y sont produites, pour faire voir que l'usure en general est contraire à l'équité naturelle. Car ces raisons ayant été empruntées par les Canonistes & les Theologiens, partie des Philosophes payens, & partie des Peres de l'Eglise, comme je viens de le montrer, & n'ayant été combatuës que par quelques Auteurs modernes qui n'y ont opposé rien de solide ; je suis en droit de les supposer sans replique ; elles se soûtiennent par leur propre lumiere, & par l'autorité de tous les Sages du monde, Philosophes, Theologiens, Canonistes, Princes Chrétiens, Conciles de l'Eglise, & Conseil de nos Roys. De sorte que c'est icy contre l'u-

ſure, qu'il faut faire une juſte application de la maxime d'Ariſtote, que l'Auteur a employée hors de ſa place en faveur de l'uſure. *Qu'il y a beaucoup de demonſtrations qui ſortent des lumieres naturelles, dont tout homme raiſonnable doit être ſatisfait, leſquelles ſe repreſentent toûjours à l'eſprit : qu'il ne faut jamais diſputer contre celuy qui ne veut pas s'y rendre ; parce que quand on eſt venu à un certain degré d'évidence, tout ce qu'on dit au delà ne fait qu'éblouïr, & paroît plûtôt une diſpute du cœur que de l'eſprit.* Cependant pour éclaircir davantage la queſtion, voicy quelques refutations ſur les réponſes de l'Auteur aux moyens tirez de la raiſon naturelle.

1°. L'Auteur diſſimule ce principe d'équité fondé ſur le Loix Romaines, & qui eſt le fondement de tous les raiſonnemens qu'on fait contre l'uſure, qui eſt que dans les choſes qui ſe détruiſent par un ſeul uſage, comme l'argent, les grains, & les liqueurs, l'uſage ne peut eſtre diſtingué ny ſeparé de la proprieté. Cela eſt formel dans les Loix Romaines Inſtit. liv. 2. tit. 4. *hæ res neque naturali ratione neque civili recipiunt uſum fructum. Senatus non fecit quidem earum rerum uſum fructum ; nec enim poterat.* Le même principe eſt repeté dans la Loy 62. tit. *de rei vendic.* & l. 121. tit. *de verb. signiff.* Donc les Loix Romaines, qui avoient autre-fois condamné les usures pendant la durée de la Republique, ne les permirent jamais qu'en consideration des stipulations particulieres, & non par les faux principes de l'Auteur, qui compare l'usage de ces choses à celuy des animaux, des maisons, &c. en quoy l'usage est manifestement separable de la proprieté, & par consequent peut estre mis à prix sans renoncer à la proprieté du fonds.

2°. L'Auteur a eu tort de n'avoir jamais voulu comprendre ny faire sentir à ses Lecteurs les differences si sensibles dans la societé entre ces deux sortes de biens qu'on loüe ou qu'on preste. 1°. Dans les premiers le debiteur est obligé de faire joüir le preneur. 2°. Le preneur ne répond pas des cas fortuits des choses loüées; c'est le maître qui les porte aussi bien que la diminution sensible ou insensible qui arrive à la chose loüée. C'est tout le contraire dans les choses purement prestées, le preneur répond seul de l'usage, de la diminution, des risques, & même de la perte des choses empruntées en tout évenement. Ainsi le bailleur seur de conserver la chose prestée & qui n'est plus à luy, & conservant méme entre ses mains l'équivalant, puisque selon nôtre Auteur page 4. *celuy qui a 300. liv. en obligation, est censé les avoir toûjours en argent comptant*, n'est-il pas évident qu'il ne doit avoir aucune part au profit d'une chose qui n'est pas à luy, & d'une chose méme qui de sa nature n'en produit aucun. Ces réflexions expliquées avec plus d'étenduë par l'Auteur des Loix civiles dans leur ordre naturel liv. premier tit. 6. étoient bien plus dignes de l'attention d'un Jurisconsulte Catholique que tout ce qu'il a relevé de du Moulin, Saumaise & Grotius.

3°. L'Auteur a eu tort de ne se proposer dans un ouvrage si important pour le public, aucun systéme ny aucun principe fixe sur l'idée veritable de l'interest qu'il soûtient n'estre pas contraire à la Loy naturelle. Il méle ensemble tous les systémes les plus inalliables, & il forme ses réponses tantôt sur les uns, tantôt sur les autres; ce qui fait que sa Doctrine ne s'accorde avec aucun des sentimens qui ont parû jusqu'icy sur l'usure. Les Juifs & les Grecs Schismatiques croyent l'usure innocente en elle même & utile à la societé, soit qu'on l'exige des pauvres ou des riches; au lieu que l'Auteur page 8. & 10. attache l'idée du défaut de charité au terme d'usure, d'usure, la reconnoist opposée au precepte de la charité & n'ose la justifier, quand elle est exigée des pauvres. Les protestans condamnent absolument l'usure qu'on tire des pauvres, comme contraire à la Loy de Dieu, & ne la justifient que par rapport aux riches. L'Auteur du traité des billets qui a expliqué avec la derniere netteté tout ce qui se peut dire de plus plausible en faveur de ce sentiment, a distingué deux sortes de prests, l'un qu'il nomme un simple prest, & l'autre un prest de commerce. Dans le premier qui se fait, soit aux pauvres, soit aux riches, il veut que l'argent, le vin, &c. soit entierement consumé, soit en nourriture, en habits, en jeux, &c. de sorte que la chose prestée est censée moralement detruite. Dans le second il veut que l'argent, le vin, &c. qu'on preste subsiste & se multiplie dans le commerce, & soit censé n'estre point detruit, comme lors qu'on preste son argent à un marchand pour entretenir son commerce, pour acheter une charge, ou une terre, pour mettre en rente à un plus haut denier, &c. Ainsi cet Auteur traite de veritable usure contraire à la charité & à la justice tout profit qui provient d'un prest, qui ne doit rien produire au preneur d'un simple prest où la chose prestée se consume & se detruit entierement, sans subsister dans rien d'equivalant. Ce systeme qui a ébloüy bien des esprits superficiels n'a aucune solidité au fond. Grotius l'avoit refuté par avance sur le chap. 6. de S. Luc par ces paroles : *ut sciatur quantum recipi æquitas permittat non est spectandum, ut quidam censent, quantum lucri faciat qui pecuniam sumpsit, sed quantum & absit qui alteri pecuniam numeravit; sicut in emptione & in aliis contractibus nunquam æstimatio facienda est ex eo quod intersit accipientis, sed ex eo quod absit dantis; abest autem tantum quantum quisque pro vitæ suæ genere ex pecunia compendii facere potest ac solet, puta ex agris, ex domibus, ex mercatura, detracta æstimatione periculi.* Ces paroles de Grotius renversent absolument le systême du traité des billets, & font sentir le faux de la distinction des deux sortes de prests, sçavoir de simple prest, & de prest de commerce, qui en est le fragile appuy. D'ailleurs ce systéme se detruit par sa propre nouveauté & par son inutilité. Il est nouveau, puisque nul Pere, nul Canoniste, & nul Theologien n'en avoit parlé avant le traité des billets, si ce n'est les défenseurs des trois contrats condamnés par Sixte V. par la Faculté de Theologie de Paris, & par plusieurs Evêques de France. Il est inutile, 1°. parce que sans rien changer à l'usage des contrats de prest, l'Auteur veut à la faveur d'une nouvelle subtilité éluder tout ce que l'Ecriture, les Peres, & les Conciles ont étably contre les profits usuraires qu'on tire immediatement du prest. 2°. Parce que dans la pratique on n'a jamais égard à cette observation du traité des billets, sçavoir si ceux à qui nous prestons veulent consumer ou faire profiter l'argent, comme le remarque fort bien Grotius. Nôtre Auteur, qui parle si souvent de prest de commerce pour justifier l'usure n'a néanmoins jamais expliqué le systéme du traité des billets, & ne paroist pas même l'avoir compris : car dans la page 5. il veut que le preneur demeure chargé de tous les risques, & l'Auteur du traité des billets soûtient expressement le contraire comme essentiel à son systéme, & necessaire pour exclure l'iniquité de l'usure.

Le systéme de Grotius, dont nôtre Auteur paroist se prevaloir ne luy est pas plus favorable, puisque nôtre Auteur pages 5. 6. &c. ne justifie le prest usuraire, que parce qu'il croit qu'il est juste de partager le profit qu'on tire de l'argent presté, entre le bailleur & le preneur, comme il se fait dans le loüage d'un cheval, d'une maison, dans la ferme d'une terre, &c. comparaison si peu juste, & si nouvelle, dont il fait un abus perpetuel. Grotius au contraire veut que pour justifier & regler l'interest legitime, on n'ait égard qu'au profit que perd le presteur. Ainsi on voit avec douleur que le systéme des Disciples de Calvin, si libres en fait de Dogmes & de Morale, n'est pas si different de celuy des Theologiens Catholiques, que celuy du sçavant Magistrat qui a dressé ou adopté le Memoire. Il seroit même aisé de concilier la Doctrine de Grotius avec celle des Theologiens, qui presque tous reconnoissent le lucre cessant pour un titre legitime d'interest, & de dedommagement Nôtre Auteur est donc plus attaché au systéme erroné des Juifs & des Grecs, qui justifie absolument l'usure, comme indifferente en elle-même, comme permise par la Loy de Dieu, & utile à la societé, qu'à celuy des Protestans même, qui la condamnent absolument par rapport aux pauvres.

6. Pour ce qui est de la Doctrine des Peres, & des Conciles, qu'il reconnoît néanmoins page 11. pour arbitres du

different present, il n'a pris aucun soin de s'en instruire, non-plus que des vrais principes des Canonistes & des Theologiens, sur ce qu'on appelle dommage & interest dans nos Ordonnances & dans les Sentences des Juges, & que nos Canonistes & Theologiens expliquent par les termes *de dommage naissant & de lucre cessant*. S'il avoit compris la signification de ces mots, il auroit absolument supprimé tous les moyens qu'il a produits en faveur de l'usure depuis la page 13. jusqu'à la page 21. inclusivement, tant des Conciles & des Papes que des Canonistes, & même des Loix des Princes, comme il est aisé de le montrer. Et étant de bonne foy comme il paroist, il doit luy-mesme avoüer que ces deux titres de *lucre cessant & de dommage naissant*, qui ne signifient rien autre chose qu'indemnité ou dedommagement, se rencontrent dans tous les cas où les Conciles & les Papes approuvent l'interest, c'est pour cela que le 5. Concile de Latran autorise un interest moderé pour l'entretien des Monts de Pieté. Les Papes Martin V. & Caliste III. l'interest des rentes foncieres, c'est pour la mesme raison que l'Ordonnance de Philippe IV. & d'Orleans permettent d'ordonner pour le retardement du payement, une certaine ſomme au deſſus du capital, que le Roy Philippe IV. appelle *intereſſe*, & l'Ordonnance d'Orleans *dommage & intereſt*. *Et ce n'eſt autre choſe qu'une indemnité pour la perte que l'on ſouffre en preſtant*. C'eſt pour la même raiſon que l'on permet un plus gros intereſt aux Marchands & aux Changeurs qu'aux perſonnnes qui ne ſont pas de cette profeſſion.

Si la meſme Ordonnance d'Orleans art. 60. veut que les dommages & intereſts ſoient generalement payés du jour de la demande, c'eſt ou pour punir le retardement du debiteur, comme quelques-uns le croyent, à cauſe de ces paroles inſerées dans l'art. *pour le retardement du payement*, ou c'eſt *parce que le preſteur eſt toûjours ſuppoſé ſouffrir de la perte par l'injuſtioe du debiteur qui manque de le payer au terme*.

Il y a lieu de s'étonner que l'Auteur dans les pages 17. 18. & 19. du Memoire faſſe ſemblant de ne rien comprendre à des réponſes ſi connuës & ſi raiſonnables ; mais il eſt encore plus ſurprenant que dans la page 20. il emploïe en preuve ce qui eſt conteſté, en ſuppoſant qu'il eſt permis de tirer l'intereſt des deniers des Hôpitaux & des Fabriques. Car on ſoûtient à l'Auteur que ce cas n'eſt pas plus licite que celuy des deniers pupillaires, & que cela est expressément condamné par toutes les autoritez que nous avons produites cy-devant, sçavoir par Alexandre III. *cap. super eo, de usuris*, par les Conciles de Melun, de Malines, de Bourdeaux, par St. Thomas Opuscule 42. de l'usure, & par tous les Theologiens & Canonistes qui avoient traité cette matiere avant le dernier siecle.

Dans la même page 20. l'Auteur suppose encore faux, lors qu'il dit qu'il est permis de joüir des fruits d'une terre pour l'interest de l'argent qu'on preste. Ce cas est manifestement usuraire selon ce que nous avons dit cy-dessus, & il n'a rien de ressemblant à ce qui est permis par les Loix Romaines & par les Canonistes, de tirer l'interest du prix d'une terre venduë à crédit. Car qui est-ce qui ne voit pas que cette terre étant un fonds dont l'usufruit est réellement distingué de la proprieté, le vendeur est en droit d'apprecier l'usufruit en attendant le payement?

La comparaison que l'Auteur fait encore dans la page 17. entre donner son argent pour toûjours, & le donner pour un temps n'est pas juste. Car qui est-ce qui ne comprend pas la difference infinie qu'il y a entre le simple prest, & le contrat de rente ? Dans le premier le debiteur peut estre contraint de payer le principal au terme, & dans le second il est le maître de garder le principal tant qu'il luy plaît en payant la rente. Ne sçait-on pas que le contrat de rente est une vraye vente d'un revenu certain sur tous ses biens moyennant un prix ? On ne peut s'y figurer aucune ressemblance, qu'en s'abandonnant à des lueurs de raison que nos Sages Ancêtres, Prélats & Magistrats n'ont crû meriter aucune consideration ; quoy qu'elles touchent encore quelques Canonistes & quelques Theologiens étrangers, & que les deffenseurs de l'usure fassent semblant d'en estre eux-mesme frappez, non pas pour condamner de bonne foy la rente constituée à prix d'argent, mais pour excuser leurs commerces usuraires ?

7. Le dernier retranchement de l'Auteur est dans les Loix des anciens Empereurs Romains, mesmes Chrétiens, *lesquelles*, dit il pages 20 & 21. *ont été reçûës & pratiquées par tout le monde, sans que personne s'en soit plaint, & qui se pratiquent encore aujourd'huy dans tous les Païs qui se gouvernent par le Droit écrit. On voit bien*, ajoûte-t-il, *des adulteres & d'autres*

tres crimes commis contre les Commandemens de Dieu, mais on n'en a jamais vû d'autorités par les loix solemnelles. Il prétend dans la page 23. qu'on ne peut pas regarder ces loix comme des simples tolerances, mais comme de veritables approbations de l'usure, parce qu'*il n'y a point*, dit-il, *de necessitez qui doivent prévaloir sur l'autorité divine, & qu'on est obligé d'avertir du mal qu'on permet par les loix publiques, & de la necessité pour laquelle on le permet.* L'Auteur me permettra de luy répondre que ses principes ne sont pas veritables, & que l'application n'en est pas méme juste. 1°. C'est un principe faux qu'il n'y ait point de loy de simple tolerance, & de simple permission, qui n'approuve & n'autorise rien. Il est certain que selon les Loix Romaines même du temps des Empereurs Chrétiens du 4. & 5. siecle, & même dans les suivans, il étoit permis de repudier sa femme, & d'en épouser une autre en certains cas. Il y a plusieurs Loix expresses sur ce sujet, des Empereurs Theodose & Valentinien, de l'Empereur Anastase, & une Novelle expresse de Justinien, qui est la 22. & une Novelle de l'Empereur Justin son successeur, qui est la 140. Ces Loix étoient conformes à d'autres plus anciennes,

Pouvons nous douter que ce qui étoit permis par ces Loix ne fut directement opposé à l'Evangile, qui declare le mariage consommé entre les Chrétiens absolument indissoluble en toutes sortes de cas, ainsi que le S. Concile de Trente l'a declaré Sess. 24. Can. 7. ? Pendant que ces Loix subsistoient, elles n'empéchoient pas que les Saints Docteurs de l'Eglise Grecque, & de l'Eglise Latine, ne declarassent ces resolutions de mariage contraires aux regles de l'Evangile & de la conscience, quoyque permises par les Loix des Empereurs, comme il paroist par le chapitre 9. de la premiere Lettre Canonique de S. Basile à Amphilochius. S. Jerôme Epit. 30. à Oceanum : *aliæ sunt leges Cæsarum, alia Christi, aliud Papinianus, aliud Paulus noster præscripsit.* L'on sçait combien S. August. a composé de livres pour procurer qu'un mary separé de sa femme pour le cas d'adultere ne peut pas se remarier. C'est ce qu'il prouve liv. 1. *de serm. Domini in monte cap.* 14. *&* *cap.* 16. *lib.* 1. *de nuptiis, & concupisc. cap.* 10. *lib. de bono conjugali cap.* 7. On sçait encore ce qui a été autre-fois décidé dans le Canon 9. du Concile d'Elvire en Espagne sur la fin du 3. ou au commencement du 4. siecle. Le Canon 69. de la Collection

Affricaine, qui est le 17. du Concile de Mileve, où S. Augustin assista, declare nettement qu'il est contraire à l'Evangile, & à la Doctrine des Apôtres d'épouser une seconde femme pendant la vie de celle qu'on a repudiée, & marque qu'il falloit solliciter une Loy Imperiale sur ce sujet. Il est donc certain qu'il y a eu des Loix des Empereurs Chrétiens reçûës & pratiquées dans tout l'Empire, qui permettoient ou toleroient des crimes, & même des adulteres contre le Commandement de Dieu. Ainsi l'Auteur n'a pas eu raison de dire qu'il n'y avoit point d'exemples de semblables Loix.

2°. L'induction qu'il tire de ce faux principe en faveur de l'usure, est encore fondée sur une fausse hypothese; car il est faux que les Loix Romaines touchant les usures ayent été reçûës & pratiquées par tout le monde sans que personne s'en soit plaint, comme le dit l'Auteur. Car j'ay fait voir dans la 2. & 3. réponse que les Peres de l'Eglise, S. Basile, S. Gregoire de Nice, S. Ambroise, S. Jerôme, S. Augustin, le Concile de Nicée, les Capitulaires de nos Rois de la seconde race qui étoient des resultats des Etats generaux du Royaume, le 3. & 5. Concile de Latran, les Ordonnances de nos Rois Philippe IV. &

Philippe V. ont declaré les usures contraires à la Loy de Dieu, & défenduës par l'Evangile à tous les Chrétiens. L'Auteur sçait que l'Empereur Basile *constitutione* 83. condamna autre fois les usures, & que Leon son successeur en revoquant sa Constitution, & en permettant les usures, parce que les usuriers ne vouloient point prester gratuitement aux pauvres dans leurs besoins, declara néanmoins que l'usure étoit condamnée par la Loy du St. Esprit, comme je l'ay déja marqué, il est certain qu'elle fut autre fois défenduë à Rome dans les premiers siecles de la Republique, témoins Tacite l. 6. Annal en 786. & qu'elle y fut punie plus severement que le larcin, comme le rapporte M. Caton, *de re rustica*. Si dans la suite les Loix se sont relachées dans l'Empire Romain, ce n'a été que pour condescendre à un mal qui étoit au-dessus des remedes & pour y mettre des bornes, & non pour l'approuver, tout le monde convient qu'il est de la sagesse d'un Legislateur de tolerer de moindre maux pour en empêcher de plus grands.

L'Auteur dans la page 23. semble convenir de ce principe, qui n'a jamais été nié de personne, mais il y ajoûte que ces facheuses necessitez n'ont point de lieu dans le cas dont il s'agit, & que si elles y avoient lieu, il y auroit obligation d'avertir le peuple du mal qu'on permet par les Loix publiques, afin qu'elles ne soient pas des sujets de scandale. Tout ce discours de l'Auteur n'a de force que contre les Legislateurs, qui portent de semblables Loix sans necessité, & contre les Magistrats qui laissent introduire ou regner des abus contraires aux regles de la conscience, les pouvant empêcher comme il est arrivé souvent au mépris même des Ordonnances de nos Rois & des Reglemens des Conciles generaux tenus en France. S. Loüis en 1254. & Philippe IV. en 1311. ordonnent expressément à tous les Juges de tenir la main à l'execution des Loix contre les usuriers. Le second Concile general de Lyon *cap. usurarum in 6°. de usuris*, & le Concile general de Vienne *Clement. ex gravi* portant des peines trés-severes contre les Officiers qui favoriseront l'usure. C'est aux Juges des Cours Subalternes, & aux Magistrats des Cours Souveraines à examiner devant Dieu, en quelle conscience ils ont souffert & souffrent encore l'usure des deniers pupillaires sans y estre contraints, ny par les Ordonnances de France, ny par aucun article de la Coûtume de la Province, sçachant que l'usure a été toûjours condamnée en France, & par les Ordonnances & par les Arrests. Ils ne sçauroient produire aucun article, ny des des Ordonnances de France, ny de la Coûtume de Bretagne qui condamne le Tuteur à payer les usures à son pupille lorsqu'il a fait toutes ses diligences, & que suivant le sentiment des parens il n'a pû trouver aucun employ utile des deniers qui sont entre ses mains. On sçait que l'article 102. de l'Ordonnance d'Orleans autorise les Tuteurs & les Curateurs de les employer en rente ou heritages par l'avis des parens, les Loix Romaines qui en permettent l'interest n'étant point reçûës en Bretagne, & les articles de la Coûtume ne portant rien de contraire à l'Ordonnance. Je demande aux pieux Magistrats en quelle conscience ils souffrent & protegent un abus condamné en general par toutes les Loix Divines & humaines, qui défendent toute l'usure comme je l'ay montré cy-devant, & reprouvé specialement par toutes les autorités que j'ay produites. Sçavoir par Alexandre III. par le premier Concile de Milan, par le Concile de Malines en 1570. par celuy de Bourdeaux en 1583. & par l'Assemblée de Melun en 1579. L'Auteur convient luy-même dans les pages 23. & 24. qu'il faut une necessité reconnuë pour tolerer un mal condamné par la Loy de Dieu, & que même en ce cas il y a obligation d'avertir que c'est un mal qu'on tolere & qu'on n'approuve pas? Quelle necessité particuliere y a-t-il donc en Bretagne de permettre l'usure des deniers pupillaires? Quel grand mal y auroit-il, si l'on y suivoit la disposition de l'article 102. de l'Ordonnance d'Orleans? Pourquoy au contraire ces Magistrats trouvent-ils mauvais que les Predicateurs, les Confesseurs & les Pasteurs inquietent la conscience des Juges & des Tuteurs? Pourquoy les Magistrats même qui paroissent bien intentionnés, s'appliquent-ils à proteger de leur autorité, & à soûtenir par leur érudition l'usure en general, comme le fait l'Auteur presque dans toutes les pages de son Memoire? Ne seroit-ce pas faire de son autorité & de sa capacité un usage plus legitime & plus Chrétien de faire voir l'usure en general, condamnée par la Loy naturelle, comme tous les anciens Philosophes, les Peres & les Canonistes l'ont enseigné, condamnée par la Loy de Dieu dans l'ancien & le nouveau Testament. Cette Loy ayant été ainsi interpretée & expliquée par un grand nombre de Conciles generaux anciens & modernes, & inferée dans les Capitulaires & les Ordonnances du Royaume, condamnée par tous les Theologiens & les Canonistes jusqu'au relachement introduit depuis peu par les Protestans & par quelques Theologiens dont les principes & les décisions ont été expressément censurées par le Saint Siege & le Clergé de France? Si l'Auteur du Memoire avoit suivy les anciennes maximes de l'Eglise & de l'Etat, il n'auroit eu aucune peine à condamner luy même l'usure des deniers pupillaires, puisqu'il est évident que c'est une veritable usure, & que nul usage particulier ny même general, ne peut rendre licite ce qui est défendu par les Loix naturelles & divines. L'Auteur paroît ne s'être trompé que par un trop grand attachement à la Coûtume de sa Province & aux préjugez de son Parlement. C'est sans doutte ce qui l'a empêché de suivre dans l'éclaircissement de cette question la bonne methode de toutes les sciences qui prescrit de commencer par établir les principes generaux & les veritez reconnuës pour en tirer des consequences legitimes & propres à éclaircir les questions particulieres, au lieu d'observer des propositions simples par des propostions composées & embarassées comme a fait l'Auteur. Il a d'abord mal expliqué l'état de la question, il a revoqué en doute des principes certains, il a multiplié les objections à l'infiny pour dissiper & accabler l'esprit du Lecteur, il a comme mis ensemble l'ancien & le nouveau Testament, les Conciles & les Peres, les Papes avec les Papes, les Theologiens & les Canonistes, & a opposé l'Eglise à l'Eglise, des Loix étrangeres aux Loix du Royaume. Il ne faut pas s'étonner si par une telle methode, il n'est point arrivé à la découverte de la verité, mais sa docilité fait esperer qu'il la trouvera dans cette réponse, qui contient la Doctrine de la Faculté de Theologie de Paris. Deliberé en Sorbonne le 21. May 1712. Signé, M. la Rogue Doyen du Mas, Habert, B. Marion, G. Bourret, G. Uvitasse de Precelles, F. N. Alexandre Pouget Prêtre de l'Oratoire, Professeur de Theologie Morale au Seminaire de St. Magloire Garson Syndic de la Faculté, F. F. de Latenay Docteur & Prieur des Carmes de Paris, Josslemeur F. F. Peyrousiers, Docteur Regent du Convent des Carmes de Paris.

REFLEXIONS SUR CETTE *réponse & sur les autorités qu'on y prepose contre nous.*

SI l'on avoit jugé à propos de nous répondre article par article, nous aurions peut être trouvé plus d'éclairciſſement ſur cette matiere. Nous aurions ſoûhaitté entr'autre choſe qu'on eût approfondi la premiere queſtion, qui eſt de ſçavoir ſi la juſtice naturelle permettroit de mettre en commerce un uſage d'argent, comme celuy de tout autre ſorte de bien. Mais on a crû que l'autorité de ceux qui ont pris un party contraire au nôtre ſuffiſoit, & que la verité devoit ſe repoſer ſous leur ombre. C'eſt pourquoy la difficulté ayant été comme reduite à l'examen des autoritez qui ſont alleguées de part & d'autre, il ne reſte qu'à les pezer, en laiſſant à un chacun la liberté de donner le trait à la balance comme il voudra.

Nous avons été ſurpris de voir qu'on ait attaqué d'abord nôtre opinion à cauſe qu'elle a été ſuivie par ces grands hommes du Moulin, Saumaiſe & Grotius. On combat d'ordinaire les ſentimens d'autruy par l'autorité de ceux qui en ont pris de contraires, icy on combat le nôtre par la grandeur de l'esprit & de la science de ceux qui l'ont embrassé. En supposant qu'ils ayent erré sur quelques points de religion, nous ne présumions pas qu'ils eussent erré dans tout ce qu'ils ont écrit, & si nous l'avions ainsi pensé, nous aurions eû peine à croire ce qu'ils ont dit sur ces grands principes de morale & du droit civil dont ils nous ont instruit. Pour nous nous sommes toûjours disposez à recevoir la verité de quelque main qu'elle nous soit presentée. Si cette main nous est suspecte, ce qui vient de sa part est aussi suspect, & nous sert d'occasion de l'examiner plus attentivement. Mais nous sommes persuadez qu'une erreur reconnuë sur un certain point de doctrine, ne porte pas sur un autre point qui n'a nulle alliance avec luy. Il s'agît de sçavoir si ces Auteurs ont bien pensé sur la matiere d'usure, & non sur le sujet de l'Eucharistie ou de l'Invocation des Saints. Mais au fond quel reproche peut-on faire à ces sçavans hommes du Moulin & Saumaise, sinon qu'ils ont crié contre quelques desordres des mœurs de leur siecle. Suffira-t il enfin de dire qu'un Auteur est suspect d'heresie, quand on veut le perdre ou décrier sa Doctrine?

Pour nous bien loin de nous défendre de ſuivre leur ſentiment, nous faiſons gloire de l'adopter. Venons au fond.

On ſoûtient contre nous que l'Ecriture, les Peres, la Tradition & toutes les Conſtitutions Eccleſiaſtiques & civiles, ont abſolument condamné les uſures, ſoit par le caractere d'un vice interieur, ou par une malediction que Dieu a prononcée contre elles, en ſorte qu'elles ſont toûjours des pechés en quelque circonſtance que ce ſoit, parce qu'une choſe mauvaiſe en elle-meſme & de ſa nature, ne ſçauroit jamais ceſſer d'eſtre mauvaiſe. La Faculté de Nantes y a employé une expreſſion un peu forte, en diſant que comme l'homme étoit eſſentiellement raiſonnable, l'uſure étoit eſſentiellement criminelle. C'eſt pourquoi elle a conclu que c'étoit toûjours un peché de recevoir quelque choſe au-delà du ſort principal independemment de la quantité ou des cauſes pour leſquelles on l'obtenoit, ou de la pauvreté des debiteurs, ou de celle des créanciers, ou de l'employ qu'on en veut faire. C'eſt dans ce ſens qu'on prétend que les Peres ont parlé de l'uſure comme d'un menſonge & un larcin qui ſont toûjours mauvais.

Et pour preuve qu'ils l'ont ainſi enfendu, & qu'ils ont crû que l'usure étoit mauvaise de sa nature, on ajoûte qu'ils en ont donné des raisons qu'on prétend demonstratives, & qui sont que l'argent ne peut donner aucun profit separé de sa proprieté, puisqu'on la perd quand on s'en sert, que quand on en pourroit tirer, il seroit à celuy qui auroit employé son industrie pour l'acquerir, & qu'enfin le prest étant essentiellement gratuit, il seroit contre la nature & la Justice d'en profiter. Voilà où l'on a renfermé la question dans la réponse qu'on nous a faite, c'est à dire pour sçavoir ce que l'Ecriture, les Peres, les Conciles & les Coustitutions civiles en ont dit.

Nous convenons tous qu'ils ont défendu de recevoir plus qu'on n'a donné quand il s'agit des pauvres, ou quand ce surplus va à l'excez, ou quand les Loix civiles ne le permettent point. Nous en avions rapporté cent passages, & nous plaignons la peine qu'on s'est donnée de nous en rafraichir la memoire. Mais cela ne fait rien à nôtre question, car il falloit prouver qu'on avoit entendu défendre de tirer ce profit même des plus riches, & dans toutes sortes de circonstances, comme on a défendu le larcin. C'est à nos parties à faire cette preuve, puisque nous sommes sur la negative, & que nous avons le droit commun pour nous, qui permet de faire ce qui n'est pas défendu. Mais nous avons été plus loin, car nous avons rapporté mille preuves tirées des Constitutions Ecclesiastiques & Seculieres, Romaines & Françoises, qui les autorisoient dans une infinité de rencontres. Nous y allons ajoûter l'Ordonnance du Roy à present regnant, qui doit fermer la bouche à tout le monde, & qui permet de stipuler des interests comme on faisoit parmy les Romains pour les employer à certaines choses qu'il a jugé necessaires. Et cet Edit est d'autant plus remarquable qu'il a été fait aprés avoir bien examiné & pezé les raisons & toutes les Ordonnances qui y étoient contraires ausquelles il a expressément derogé.

Remarquez-bien que tout cela anéantit absolument les raisons qui fondent l'opinion contraire. Car de-là il s'ensuit. 1. Que l'argent produit un veritable profit, puisqu'on est obligé de le restituer en plusieurs rencontres, & qu'il est permis de le stipuler. 2. Que ce profit est different du sort principal, puisqu'on l'exige au-delà du sort principal. 3. Que ce profit ainsi restitué appartient justement au presteur, quoy qu'il n'ait pas contribué par son industrie à l'acquerir, & qu'il n'ait couru risque d'aucune perte

4. Que s'il y a des prests gratuits quand on laisse son argent à joüir par une pure liberalité, il y en a d'autres non gratuits dont il est permis de tirer du profit.

On nous a répondu que toutes ces sortes d'usures qui sont ainsi autorisées, sont des usures compensatoires, qui ne sont pas proprement des usures, parce qu'on ne doit donner ce nom qu'à celles qui n'ont pour fin que le lucre, & le pur profit. Et pour s'expliquer on a dit, *qu'on est toûjours supposé souffrir quelque perte en prêtant, & que l'interest n'est autre chose que l'indemnité de cette perte.* Or quand la perte est grande & sensible, on a principalement en vûë de s'en recompenser. Voilà pourquoy on appelle proprement cet interest *compensatoire*, & l'on prétend qu'il n'est pas une usure. Mais quand le dommage est petit & peu sensible, comme celuy qui vient des petites commoditez qu'on tire ordinairement de la presence de son argent, & dont on se prive quand on le preste, il ne merite aucune consideration, & c'est alors le seul lucre ou profit qu'on s'y propose, & voilà *l'usure lucratoire* qu'on pretend être deffenduë par l'Ecriture & les Peres, parce que c'est un profit plein de cupidité. Nous croïons au contraire que ces deux sortes d'interest ou d'usure ſont d'une même nature, qu'ils ne ſont differens que par des tours d'imagination, que cette prétenduë cupidité n'y eſt point attachée, & que l'Ordonnance de Blois les a permis. Je vous prie d'y reflêchir ſerieuſement, parce que c'eſt icy le point de deciſion.

1. Ce qu'on prend au-delà du ſort principal pour ſe recompenſer de quelque dommage, n'eſt-ce pas une ſomme ajoûtée au principal ? Or *quodcumque ſorti accidit, uſura eſt*, dit St. Jerôme ſur Tob. ch. 14. *Quid velis nomen imponat, uſura eſt.* Ne trouvèz-vous pas que c'eſt en effet un jeu d'imagination, de dire, ſi je vous preſte à intereſt c'eſt une uſure, ſi c'eſt les Monts de pieté qui vous preſtent, ce n'eſt pas une uſure ? La raiſon qu'on en donne eſt des plus admirables, c'eſt que les Monts de pieté doivent employer cet intereſt à l'entretien du Bureau des pauvres & à indemniſer des dépenſes qu'on fait à leur ſujet, & que moy j'employe celuy que je reçois à l'entretien de ma famille, & à me dédommager des dépenſes que j'y fais. Leur objet peut être plus ſaint que le mien, mais la ſubſtance de nos contrats eſt la même. Les motifs qu'on ſe propoſe en faiſant un trafic, & l'employ qu'on fait des profits qui en viennent

nent ne luy sont-elles pas étrangeres ? La vente qu'on fait d'une terre pour payer ses créanciers, est-elle d'une autre nature, que celle qu'on fait pour faire un acquest ? Les uns ne pensent qu'à la nourriture de leurs enfans en prêtant ainsi, les autres à en soulager les pauvres, les autres à thesaurizer, les autres à se dédommager d'une perte qu'ils ont faite, cela change-t-il la nature des prests ? Les differents employs qu'on fait de ces profits peuvent-ils apporter une difference réelle dans les contrats, puisqu'ils sont parfaits & revêtus de tout ce qui fait leur substances avant qu'on les execute. Concluez donc que ces usures sont plus favorables les unes que les autres, mais que ce sont des usures d'une même nature.

En second lieu. Permettez-moy de comparer la perte que vous dites que tout prêteur d'argent souffre, avec celle que souffre le prêteur d'un cheval. Car ces prests consistent également dans quelque incommodité qui en arrive, ou dans la privation de quelque commodité. Or je vous demande si le dommage qui vient d'un prest d'argent, ne merite pas autant d'être reparé, que celuy qui vient du prest d'un cheval ? Car enfin on peut avoir 2. sortes de vûës dans ces deux prests, où le dedommagement de ces pertes, ou une augmentation de son bien, ainsi il y a une égalité de justice & de faveur. Pourquoy permettre donc de tirer une augmentation de biens pour le prest d'un cheval plûtôt que pour le prest d'argent ?

En 3. lieu. On fait consister le vice de l'usure lucratoire, en ce que l'argent est sterile de soy même, qu'il ne produit rien que par l'industrie de l'emprunteur, qu'il est injuste qu'un autre en profite, &c. Je voudrois qu'on nous dît, si les mêmes raisons ne militent pas contre les usures compensatoires. Par exemple l'argent que prêtent les Monts de Pieté a-t-il plus de fecondité que celuy que vous prêtez, n'est ce pas par l'industrie de l'emprunteur qu'on le fait valoir, &c ? Comment peut-on dire que les unes soient contre la Justice plûtôt que les autres ?

4. L'Ordonnance de Blois n'a mis aucune difference entre ces deux sortes d'usures. Car pour expliquer cette Ordonnance on nous a dit que l'interest est permis, parce qu'on est supposé faire toûjours quelque perte quand on prête, & qu'il est juste qu'on en soit dédommagé. Or comme on ne souffre pas toûjours de grosses pertes en prestant, il faut qu'on l'entende également des petites

comme des incommoditez ordinaires qu'on souffre quand on n'a pas son argent chez soy, & qui degenerant en un pur profit. De sorte que cette Ordonnance regarde les usures lucratoires comme les autres. C'est aussi ce qui est dans une pratique incontestable, parce qu'il est d'usage qu'on ajuge les interests à tous les créanciers qui les demandent sans s'enquerir s'ils font quelque perte ou non.

Enfin pour percer cette réponse d'un seul coup, je suppose qu'un prêteur d'argent n'a pas la moindre pensée de s'indemniser d'aucune perte, qu'il ne soit pas même en état d'en souffrir aucune, parce qu'il l'avoit caché en terre sans aucun dessein d'en user, & qu'en le prestant, il ne se propose que le seul profit, comme un marchand quand il vend sa marchandise. Pourquoy veut-on qu'il y ait en cela une cupidité, & un attachement criminel aux richesses; Le profit qui vient d'un commerce suppose-t-il essentiellement un peché d'avarice; Est-il injuste en luy-même, & fait-il une moindre partie de la Justice que celuy qui vient du dedommagement d'une perte qu'on a faite, enfin qu'elle temerité de croire que tous ceux qui cherchent du profit soient en peché?

Enfin on a reconnu dans la réponse

que nous examinons qu'il y avoit plusieurs autorités qui avoient approuvé les usures lucratoires, mais on soûtient qu'elles ne sont que l'expression d'une pure necessité & des tolerances d'un mal qu'on ne pouvoit empêcher. C'est ce qu'il est bien aisé de dire, & mal aisé à prouver. Car je vous deffie de citer aucune Ordonnance qui porte la moindre marque de contrainte, fors celle de l'Empereur Leon. Trouvez-vous en effet dans la Vie du Grand Constantin & de l'Illustre Justinien qu'ils ayent manqué de pieté ou d'autorité pour faire des Loix comme ils le jugeoient à-propos, & pour les faire executer ? Peut-on croire qu'ils ayent fait un si grand nombre d'Ordonnances, & qu'ils ayent abandonné si lachement celles de Dieu, qu'ils en ayent fait qui y soient directement contraires. Ce desordre pouvoit arriver sous un Prince & pendant un certain temps, mais qui croira qu'il soit arrivé sous tant d'Empereurs & si long temps? Direz-vous qu'une petite somme qui peut revenir au Roy de l'execution de ce dernier Edit, ait été un motif pour luy faire renverser les plus Saintes Loix, & autoriser publiquement des crimes qu'on appelle execrables ? N'est-ce pas l'accuser d'avoir vendu la liberté, de violer les Commandemens de Dieu. Enfin qui ne ſçait qu'il n'y a point de neceſſité qui ne doive ceder aux Loix de Dieu.

D'ailleurs de ſimples tollerances pouvoient être préſumées dans les Puiſſances, qui ſont ſouvent obligées de plier & de conſentir à des choſes qu'elles ne peuvent empêcher. Mais elles ſe contentent en ce cas-là de ſouffrir le mal, & c'eſt rarement qu'elles donnent des permiſſions expreſſes de le faire, & quand elles les donnent, elles ne manquent jamais d'avertir le public de la neceſſité qui les y oblige, & de les revoquer quand la neceſſité a ceſſé.

Mais ce qui doit barrer ces objections, c'eſt qu'elles n'ont point d'application à ces Loix qui ſe liſent dans le corps du Droit. Car peut-on penſer que les plus ſages & les plus ſçavans hommes de l'univers, ayent été dans la neceſſité d'écrire contre le droit naturel & divin, eux qui ne penſoient qu'à nous inſtruire, qui ne conſultoient que la juſtice & la raiſon, & qui n'étoient prevenus, ny par leur intereſt propre, ny par celuy d'autruy ? Peut-on croire qu'ils nous ayent propoſé des maximes directement contraires aux Commandemens de Dieu, non-pas un ou deux Docteurs mais un ſi grand nombre, non pas pendant 1. ou 2. siécles, mais pendant 5. ou 6. & qu'il ne se soit trouvé personne qui les en ait repris. Car nous voyons bien que les Peres ont attaqué de front les Ordonnances qui avoient autorisé les adulteres, mais nous ne voyons pas qu'ils ayent seulement parlé de celles cy, parce qu'ils supposoient qu'elles ne regardent les contrats civils, & qu'ils ne se plaignoient que de l'abus qu'on y faisoit, en blessant les Loix de la charité.

Cessez donc de nous opposer toutes ces Ordonnances contre les usures, puisqu'elles n'ont été faites que pour les polir. Car il faut se souvenir sur tout qu'il n'y a rien dans le droit canonique & civil qu'il soit si necessaire de regler & de moderer que cecy, à cause qu'il n'y a personne qui n'ait besoin de faire quelque emprunt, & qu'il est trés-facile & trés ordinaire d'y commettre des abus. Mais rien n'empêche qu'en ménageant les droits de la charité, on ne conserve ceux de la justice, & qu'on ne suive l'exemple de ce pere qui voyoit un serpent tout prest à devorer son enfant dans son berceau, & qui perça le serpent d'un coup de fléche avec tant d'addresse, qu'il ne toucha point à l'enfant. C'est ainsi qu'il faut tâcher d'arrêter les maux qui viennent du mauvais usage qu'on fait des interests, sans toucher à ce qu'ils ont de legitime & de juste.

EDIT

Du mois de Juillet 1712.

Qui a jugé ces contestations, & qui permet les Contrats à interest par rapport au bien du Commerce & du public.

Voicy l'espéce.

LES *Particuliers, les Marchands, les Commerçans & autres dont la profession est de faire valoir leur argent*, ayant representé au Roy qu'il leur étoit important de rendre facile l'emprunt de 850000. liv. pour payer quelques sommes qu'ils luy avoient promises, & pour reparer le Pont de Pierre sur Saone, les Ports & le Quays de la Ville de Lyon : Il leur a été répondu par une Déclaration, dont voicy les propres termes; *Laquelle somme de* 850000. *liv. Nous leur permettons d'emprunter par Contrat de Constitution, ou par Obligation, & d'en stipuler les arrerages & interests sur le pied du denier* 20. *même du denier* 18. *ou à* 6. *pour cent. Lesquels interests nous per-*

mettons aux Notaires de ſtipuler par les Contrats de Conſtitution, ou par les Obligations; dérogeant à cet égard ſeulement & ſans tirer à conſequence à toutes nos Ordonnances contraires.

FIN.

A RENNES,

De l'Imprimerie de CLAUDE DENYS, vis-à-vis le Palais. 1713.

www.ingramcontent.com/pod-product-compliance
Ingram Content Group UK Ltd.
Pitfield, Milton Keynes, MK11 3LW, UK
UKHW021136260726
13994UKWH00001B/163

9 782329 443355